法律修辞应用研究

武飞 著

FALÜ XIUCI
YINGYONG YANJIU

知识产权出版社
全国百佳图书出版单位
—北京—

图书在版编目（CIP）数据

法律修辞应用研究 / 武飞著. —北京：知识产权出版社，2020.7
ISBN 978-7-5130-7047-8

Ⅰ.①法… Ⅱ.①武… Ⅲ.①法律语言学—修辞学—研究 Ⅳ.①D90-055

中国版本图书馆 CIP 数据核字（2020）第 120031 号

责任编辑：李学军　　**责任校对：**谷　洋
封面设计：刘　伟　　**责任印制：**卢运霞

法律修辞应用研究

武飞　著

出版发行：知识产权出版社有限责任公司　　**网　　址：**http://www.ipph.cn
社　　址：北京市海淀区气象路 50 号院　　**邮　　编：**100081
责编电话：010-82000860 转 8559　　**责编邮箱：**752606025@qq.com
发行电话：010-82000860 转 8101/8102　　**发行传真：**010-82000893/82005070/82000270
印　　刷：北京建宏印刷有限公司　　**经　　销：**各大网上书店、新华书店及相关专业书店
开　　本：710mm×1000mm　1/16　　**印　　张：**11.5
版　　次：2020 年 7 月第 1 版　　**印　　次：**2020 年 7 月第 1 次印刷
字　　数：170 千字　　**定　　价：**68.00 元
ISBN 978-7-5130-7047-8

目　录

CONTENTS

引　言　法律修辞——走出合法性危机的新尝试　1

第一章　法律修辞的理论源流　6

一、前亚里士多德时期的修辞学　6

二、亚里士多德的修辞学　8

三、罗马修辞学　12

四、中世纪及文艺复兴时期的修辞学　14

五、修辞学的复兴与新修辞学的出现　16

第二章　立法修辞的要素　22

一、权威：立法修辞的起点　24

二、听众：立法修辞的中心　27

三、共识：立法修辞的指向内容　32

四、方法：立法修辞的技术核心　39

第三章　法律修辞的民主面向　45

一、作为法律修辞基础的法治思维的民主价值取向　45

二、法律修辞承载的民主价值功能　51

三、司法民主的需求与路径选择　55

四、法律修辞：司法民主的职业化进路　59

小　结　66

第四章 法官话语的修辞学意义 68

一、法官的听众是谁? 69
二、修辞权威来自何处? 73
三、我们距离“真理”有多远? 78
小 结 82

第五章 修辞论证的司法适用场景 83

一、事实叙事 83
二、法律适用 88
三、情理说服 93
小 结 96

第六章 裁判文书中的案件事实论证 97

一、案件事实论证何以必要 99
二、案件事实论证何以可能 105
三、案件事实的论证标准 111
四、案件事实的论证模式 118
小 结 127

第七章 裁判文书中的积极修辞 129

一、积极修辞应用的必要与可能 131
二、我国裁判文书中积极修辞的应用现状 140
三、积极修辞的功能 151
四、积极修辞的应用限制 157
小 结 163

第八章　调解中的法官修辞 165

一、调解中法官修辞的适用空间 165
二、调解中的技术性修辞因素 168
三、调解中法官修辞的意义 173

后　记 176

引　言　法律修辞

——走出合法性危机的新尝试

在比较宽泛的意义上，合法性意味着两个层面上的评价标准：一是对现行有效规范的符合和遵守；二是具有更高层次的正当性依据。在人类社会的发展历程中，统治权力及其衍生行为的合法性总是受到各种挑战。基于对合法性的反思和追问，人们不断探索各种新型的合法性来源，从而推进了制度进步。"任何一种统治都试图唤醒和培养人们对其合法性的信念。"① 可以说，人类社会发展的历程，就是一个对统治权力的正当性不断提出质疑，又不断寻找和建构新的正当性的过程。

德国思想家马克斯·韦伯通过历史考察，总结出人类社会权威的三种类型："（1）合理的性质：建立在相信统治者的章程所规定的制度和指令权利的合法性之上，他们是合法授命进行统治的（合法型的统治）；（2）传统的性质：建立在一般的相信历来适用的传统的神圣性和由传统授命实施权威的统治者的合法性之上（传统型的统治）；（3）魅力的性质：（建立在）非凡的献身于一个人以及由他所默示和创建的制度的神圣性，或者英雄气概，或者楷模样板之上（魅力型的统治）。"② 它们分别对应法理型权威、传统型权威和个人魅力型权威。这三种权威类型代表着合法性的三种不同来源：法理

---

① ［德］尤尔根·哈贝马斯：《合法化危机》，刘北成、曹卫东译，上海人民出版社 2009 年版，第 106 页。

② ［德］马克斯·韦伯：《经济与社会》（上卷），林荣远译，商务印书馆 1997 年版，第 241 页。

型权威的合法性来自现行合理的社会规范；传统型权威的合法性来自传统，人们基于统治者的正统地位而对其表示服从；个人魅力型权威的合法性来自领袖的个人魅力，这既可以包括领袖高尚的品德，也可以是他过人的天赋和才能，这构成了人们信仰和追随他的理由。法理型权威以法律这种行为规范为基础建构社会组织和制度，因此相较于传统型权威与个人魅力型权威，法理型权威更具连续性和稳定性。

英国思想家罗素也对社会凝聚力的来源进行了考察，他指出，“社会凝聚力，始于对群体的忠诚（这种忠诚由于对敌人的恐惧而得到加强），并通过部分出于本性、部分深思熟虑的进程而发展，直到它形成我们今天所知的像国家这样巨大的聚集体。”① 从古至今，很多因素和力量参与了人类社会凝聚力以及与其相关的权力正当化进程。在人类社会发展早期，优秀的领袖会因为个人魅力而获得跟随者的崇敬甚至被神化，从而强化人们对群体的忠诚。在后来的文明发展中，宗教的出现也强化了人们之间的凝聚力，在相当长的时间内，世俗统治权的合法性总是与宗教信仰联系在一起。“在16世纪，各种神学上的忠诚往往超越对民族的忠诚：英国的天主教徒常常和西班牙站在一起，法国的胡格诺教徒则和英国站在一起。”② 这种合法性超越特定领土或种族的物理性范围，而具有了信仰这种更高层次的来源。当人类社会发展到这一阶段，实现统治的方式便不是在肉体上消灭那些不服从者，而是以获得认可为目标的“征服”。这种来自共同信仰所建构的合法性在今天看来也是多元的，因为信仰具有多种形式，既可以是宗教信仰，也可以是对未来社会发展的共同信念，在今天这种多元价值观共存的社会，可能后者的重要性显得更为突出。

今天，我们对合法性的追求不仅限于韦伯所说的法理型权威。根据最为朴素的法治定义，法律不仅应获得普遍遵守，而且法治之法应为良法。思想家们提出的良法标准多有不同，但时至今日，面对日益分化、自我多元的社

① ［英］伯特兰·罗素：《权威与个人》，商务印书馆2012年版，第16—17页。
② ［英］伯特兰·罗素：《权威与个人》，商务印书馆2012年版，第18页。

会，人们越来越认识到，法律规范自身形式上的特征并不足以提供其作为良法的充足理由。当社会成员被要求遵守法律时，其原因经常受到质疑：为什么要遵守法律，难道仅仅因为它是立法者制定的？这种对法律本身合法性的追问，对社会整合提出了严峻的挑战。昂格尔将这种现象称为一种“合法性的衰退”①；哈贝马斯则将其称为“合法化危机”②。这种合法化的危机，实质上是我们对发挥着社会整合功能的法律本身正当性的反思。当我们追究法律本身的合法性时，为了避免哈贝马斯所说的，“把法律系统想象为一种回溯性地返回自身并赋予自身以合法性的循环过程”③，我们必须超越纯粹“合法律性”，即单纯形式意义上的合法性的范围。

在现代法治国家，“合法律性”本身并不能成为人们自愿遵守法律的理由。法律规范的合法性不仅要考虑其制定也就是立法程序等方面的合法律性，而且必须关注其规范内容的价值评价。社会稳定与否与合法性紧密相关。具有合法性的法律规范，应该是具有合理的可接受性的，它使任何时候出于对法律的尊重而遵守规范成为可能。④ 但是，在当今异质性如此之高的社会，稳固的价值体系难以维系，这就使得国家制定法很难获得人们合理的同意。合法性危机所反映的，正是人们面对价值体系被解构时的焦虑心态。哈贝马斯说，“合法性危机是一种直接的认同危机。”⑤ 学者樊浩也认为，“国家权力和财富的合法性危机本质上是人的精神危机。”⑥ 陷入这一危机而亟须拯救的，正是作为社会成员的人们自身；正因为合法性危机本质上与人的意志相

---

① ［美］R. M. 昂格尔：《现代社会中的法律》，吴玉章、周汉华译，译林出版社 2001 年版，第 186 页。

② ［德］尤尔根·哈贝马斯：《合法化危机》，刘北成、曹卫东译，上海人民出版社 2009 年版，第 55 页。

③ ［德］哈贝马斯：《在事实与规范之间——关于法律和民主法治国的商谈理论》，童世骏译，生活·读书·新知三联书店 2003 年版，第 159 页。

④ 参见［德］哈贝马斯：《在事实与规范之间——关于法律和民主法治国的商谈理论》，童世骏译，生活·读书·新知三联书店 2003 年版，第 36—38 页。

⑤ ［德］尤尔根·哈贝马斯：《合法化危机》，刘北成、曹卫东译，上海人民出版社 2009 年版，第 54 页。

⑥ 樊浩：《中国社会价值共识的意识形态期待》，载《中国社会科学》2014 年第 7 期，第 17 页。

关，也唯有依赖社会成员自身，才能走出合法性危机。英国学者斯宾塞曾将法律的发展与社会的整体演进分为五个阶段：(1) 个人利益的合致、共识的建立；(2) 传承的习俗；(3) 逝世的领导人之禁令；(4) 存在的统治者之意志；(5) 重新建构的个人利益的合致。① 这虽是关于社会发展阶段的划分，也是统治权力合法性来源的不断更新和推进。根据这种观点，在人类社会早期，原初的共识构成了维系社会的正当性来源，而在社会发展的现代，要实现新的共识，这种共识不再是粗糙的、一切以个人利益为出发点的，而应该是审慎的、建立在特定社会制度框架下的有效共识。

从根本上讲，法律作为一种规范，其内容不具有天然的正当性。法律规范要有充足的理由证明自己的正当性，它需要表明与更高权威或更高合法性之间存在某种关联。这种更高层面合法性的重要来源，便是社会成员的共识。在社会的发展进程中，人们不得不进行利益的协调。而协调的结果往往是各方各有所得、所失，这一协调的结果会以某种整合式的协定形式出现，这其实就是共识的达成。人们的这种共识应该"体现"并"转移"到法律之中，成为社会成员普遍遵守的行为规范。法律的功能是社会整合，法律通过规范调整经济、政治等社会关系。脱离了社会关系的法律本身就是一些抽象的概念或类型，因此法律与社会之间的关系永远无法分离，法律必须在社会这一语境下讨论自身的合法性问题。在走出合法性危机的诸多尝试之中，佩雷尔曼提出新修辞学，其初衷是回答人类社会中的价值判断标准这一核心难题。可以说，在承担了人们行为整合功能、又集中显现矛盾冲突的法律领域内，能引领人们走出合法性危机的，不再是单纯的法律规范，更不是外在的习俗或命令。在相当大的范围内，在法律实践行为正当性评价问题上，修辞学所提供的理念和方法是一条值得尝试的路径。

众所周知，修辞学从产生之初，并不是作为语言学意义上的学科存在，而是因应古希腊民主政制与法律实践出现的一种政治理论。"由于智术师派

① 洪镰德：《法律社会学》，扬智文化实业股份有限公司2001年版，第63—64页。

大多是民主政制的拥护者，反智术师派则是贵族政制的拥护者，雅典民主时代出现的围绕智术师派发明的‘修辞学’的古老论争，实际上是一场关于何种政制更好的论争。”① 从一开始，修辞学就与人们的法律论辩行为密切联系在一起，它的功能不仅在于提供涉及争议问题时可能的说服方式，更在于寻求与法律相关的行为的合法性，在此意义上，修辞学与法律修辞学无须区分。从古至今，在经历了古典修辞学复兴、新修辞学转向之后，法律修辞学又以新的面貌出现在公众眼前，没有发生改变的，是它对人类社会交往行为合法性的追求。在现代性不断走向深入，价值多元越来越清晰的现代社会，修辞学具有了新的意义。可以期待，以新修辞学理论作为观察视角和分析工具，审视我国法律实践尤其是司法裁判行为，对于提升法律实践行为的正当性，有效推进我国法治进程将是有所助益的。

① 刘小枫编：《古希腊修辞学与民主政制》，冯庆、朱琦等译，华东师范大学出版社2015年版，编者前言第1页。

第一章 法律修辞的理论源流

西方“修辞学”“rhetoric”一词源自希腊文 rhētorikē，其词根“rhe”的意义是说话（to say）、运用议论（to use discourse），意指公共演讲的语言艺术。据考证，这一概念首先出现在公元前 385 年左右柏拉图的《高尔吉亚篇》（*Plato's Dialogue Gorgias*）一书中。① 古希腊的民主政制为以法律论辩为重要内容的古典修辞学的产生提供了丰厚的土壤和宽阔的舞台。公元前 471—463 年，西西里岛的锡拉库斯发生的一系列围绕财产所有权进行的法庭诉讼活动成为历史上记载的首次大规模的修辞实践。按照标准修辞学史，大约公元前 470 年，活跃在锡拉库斯的科拉克斯及其学生提西亚斯，创作了第一本法庭有效演说的手册，指出法庭演说应该分为以下几个部分：导论、案件事实的叙述、支持演说者观点的论证和结论。② 这直接决定了法律修辞学的早期形态，也决定了从产生之初，修辞学就是与法律实践密切联系在一起的。

一、前亚里士多德时期的修辞学

古希腊时期虽有数量可观的法律实践，但尚未形成职业法律群体。在无专职律师与职业法官的情况下，在诉讼中想要获胜，掌握优秀的演讲技巧就显得尤为重要。在大量法庭诉讼的需求下，古希腊产生了一批早期的修辞学

---

① See George Kennedy, *A New History of Classical Rhetoric*, Princeton University Press, Princeton, New Jersey, 1994, p. 3.

② 武宏志、张海燕：《论式：修辞学、辩证法和逻辑学的关系纽结》，载《山东大学学报》2011 年第 5 期，第 115 页。

家，其中被称为“智者”的一些人士开始传授修辞技巧，帮助人们成为优秀的演说者。他们多数认为提高演说技巧的有效方法在于模仿范例，而不是提炼修辞实践的理论或者总结规范言说技巧的形式。智者们认为修辞的最终目的是说服听众，只要听众相信即可，至于言论内容是否为真理并不重要。① 因此，罗伯特·沃迪评价说，“希腊修辞术诞生于激烈的论战中；它留给我们的最重要的遗产就是势同水火的论辩，而不是铁板一块的学说”。② 作为职业修辞学教师的智者致力于为人们提供实用的修辞技巧教育，他们在推进修辞学发展为一门独立学科方面功不可没。但是智者主要关注演说者的说服技巧而非争议问题的价值判断标准，因此他们也被称为“诡辩家”。从哲学立场上来说，他们是哲学相对主义者，认为“人是衡量一切事物的尺度”，对普遍真理的知识的可能性持怀疑态度。根据肯尼迪的考察，在希腊语中“rhetor”一词的意思是公共演说家，但它通常带有可疑的“政客”的含义，如此则修辞术就被描述为政治人在道德上可疑的技巧。③

柏拉图在《高尔吉亚篇》中从道德和认识论的角度批评了智者派的修辞技术，认为修辞术本身并不是一种艺术，而是通过华丽辞藻哗众取宠的修辞伎俩，是卑劣的、具有欺骗性的诡辩术，只能说服无知的听众。学者廖义铭认为这是修辞学遭受的第一次打击。④ 但是柏拉图后来重估修辞学成为一种

---

① 刘亚猛：《西方修辞学史》，外语教学与研究出版社2008年版，第21页。

② ［英］罗伯特·沃迪：《修辞术的诞生——高尔吉亚、柏拉图及其传人》，何博超译，译林出版社2015年版，第2页。

③ See George Kennedy, *A New History of Classical Rhetoric*, Princeton University Press, Princeton, New Jersey, 1994, P. 7.

④ 根据学者廖义铭的总结，修辞学在公元前5世纪于希腊起源后，至佩雷尔曼受基础教育的20世纪初，经历了多次的重大打击。第一次打击是柏拉图思想的影响。辩证法乃是柏拉图所持以反对修辞学的方法。修辞学发展史上的第二次重大破坏，是基督教的发展。基督教以真理为基础，强烈地鄙弃外在的重要性，并超越世俗的知识和伦理。基督教教父哲学发展到经院哲学后，由于其更加重视神示，以及其笨拙如教科书般的作品，使得基督教文学中，修辞学的价值第三次骤减。至巴洛克时期乃至于近代，即为启蒙和理性时代，修辞学遭到第四次重大的贬抑。承续近代理性主义之思想，“现代”则是进步的时代，因为许多著作、诗文和论述，都已更接近真理。在此情形下，修辞学便被视为一种枷锁、一种负担，甚至是一种古老知识的残余，修辞学是以遭到第五番的打击。参见廖义铭：《佩雷尔曼之新修辞学》，唐山出版社1997年版，第11—19页。

真正艺术的可能性，在其《斐德罗篇》又以辩证法为基础，试图发展具有良善正义立场的、以坚实方法为根基的修辞学。可以说，柏拉图促进了修辞实践的理智化[①]，为以后古典修辞学的兴盛准备了必要的知识储备。

二、亚里士多德的修辞学

亚里士多德在《修辞学》中直接回应了柏拉图对智者派以及修辞术的攻击，肯定修辞学作为一门艺术和学科的价值，为修辞学正名。亚里士多德首创科学的修辞学，提出一系列有深远意义的原则或法则，指出演说者应当尊重事实与真理，论证要言之有理，合乎逻辑，对后世影响深远，被认为是古典修辞学的奠基人。

针对之前修辞术受到柏拉图“利用无知”的致命批判，亚里士多德指出，“不从事哲学的大众并不无知，即使他们在洞察力、精确性和学问方面远远低于只有有知识者才能达到的高度。”[②] 修辞术的活动立足于“普遍的”假设和意见，“甚至最精确的知识”也不会轻易地说服某些人。[③] 针对修辞术的有效性条件，亚里士多德采用了一个与柏拉图完全相反的预设前提。一方面，亚里士多德认为只有或然式证明才属于修辞术的范围，因此修辞术具有“一种能在任何一个问题上找出可能说服方式的功能”[④]。但他并没有因此而走向真理相对论。另一方面，他认为修辞术以“真”和“正当”等基本价值判断为前提。“修辞术是有用的，因为真和正当自然要比其反面更强，以至于，如果法律裁决不能正确地表明这一点，那么真和正当必然被其反面击败，

---

① S. Rubinelli, *ARS TOPICA*: *The Classical Technique of Constructing Arguments from Aristotle to Cicero*, Springer, 2009, pp. 48 – 50. 转引自武宏志、张海燕：《论式：修辞学、辩证法和逻辑学的关系纽结》，载《山东大学学报》2011 年第 5 期，第 115 页。

② ［英］罗伯特·沃迪：《修辞术的诞生——高尔吉亚、柏拉图及其传人》，何博超译，译林出版社 2015 年版，第 132 页。

③ ［英］罗伯特·沃迪：《修辞术的诞生——高尔吉亚、柏拉图及其传人》，何博超译，译林出版社 2015 年版，第 131—132 页。

④ ［古希腊］亚里士多德：《修辞学》，罗念生译，载《罗念生全集》（第一卷），上海人民出版社 2007 年版，第 151 页。

这种局面应该受到谴责。"① 造成"诡辩者"的不是他的能力，而是他的意图。② 可见，亚里士多德超越了智者派对修辞说服功能本身的关注。如果说智者派推动修辞术作为一种说服技艺走向体系化，亚里士多德则将修辞学提升为具有正义论和哲学立场的学科。

亚里士多德将由演说提供的或然式证明分为三种：第一种是由演说者的性格造成的，第二种是由使听者处于某种心情而造成的，第三种是由演说本身有所证明或似乎有所证明而造成的。③ 我们可以将其分别总结为诉诸人格威信的说服论证、诉诸情感的说服论证以及诉诸理性的说服论证。"此说构成后世修辞学说服论证理论的范式。"④ 亚里士多德非常强调修辞过程中修辞人格的作用。他指出，"当演说者的话令人相信的时候，他是凭他的性格来说服人，因为我们在任何事情上一般都更相信好人，由于这个缘故，我们对于那些不精确的、可疑的演说，也完全相信。但是这种相信应当由演说本身引起，而不应当来源于听者对演说者的性格预先有的认识。……其实演说者的性格可以说是最有效的说服手段。"⑤ 这其中所说的演说者"性格"，主要是指演说者的人格威信，它具体包含见识、美德和好意三种品质，构成修辞说服效果的支配性因素。亚里士多德认为，在说服中起作用的这些优秀品质，来自演说本身，而不是在演说之前就已经形成的有关演说者人品学问的看法。这一见解似乎意味着在他看来，演说者在现实生活中是何许人对说服的成败得失并不重要，重要的是他通过自己的言辞在修辞过程中构筑和投射出的人

---

① 转引自［英］罗伯特·沃迪：《修辞术的诞生——高尔吉亚、柏拉图及其传人》，何博超译，译林出版社2015年版，第132页。

② ［古希腊］亚里士多德：《修辞学》，罗念生译，载《罗念生全集》（第一卷），上海人民出版社2007年版，第151页。

③ ［古希腊］亚里士多德：《修辞学》，罗念生译，载《罗念生全集》（第一卷），上海人民出版社2007年版，第151页。

④ 舒国滢：《西方古代修辞学：辞源、主旨与技术》，载《中国政法大学学报》2011年第4期，第49页。

⑤ ［古希腊］亚里士多德：《修辞学》，罗念生译，载《罗念生全集》（第一卷），上海人民出版社2007年版，第151页。

格形象。[①] 在这一问题上，此后昆提利安、西塞罗都进一步发展了修辞人格理论，他们认为修辞者在现实生活中的道德修养对于修辞人格的形成是具有决定意义的。从修辞效果来说，语言技巧的使用应与演说者自身的道德修养结合在一起。“修辞人格的主要表达价值在于，使修辞者所说的一切听上去都像是直接源于所涉事物和人物的本质，并且都像是修辞者本人性格的不加掩饰的袒露”，这一说法的含义很清楚：修辞者在说服受众时所显露的仅仅“像是”自己的人格。它不是，也不应该是修辞者真实为人的一种自发或自然流露，而是服务于一定修辞目的的一种特意的构筑。[②]

相较于修辞人格来说，修辞过程中情感的作用要弱得多，但是亚里士多德对作为修辞手段的情感的应用进行了细致分析，尤其是卓有见地地将使用情感和操纵情感进行了明确区分。亚里士多德认为，“有效的措辞”与“对听众施加情感上的影响”之间具有复杂的关系。修辞技巧的正确运用的确需要诉诸情感，因为听众总是容易和动情演说的人产生共同的感情，合适的措辞也能加强主题的可信性。“当听众的情感被演说打动的时候，演说者可以利用听众的心理来产生说服的效力，因为我们在忧愁或愉快、友爱或憎恨的时候所下的判断是不相同的。”[③] 情感的发生可能会使人改变原有看法，因此亚里士多德强调，诉诸情感并不是要操纵情感，“对听众施加情感上的影响”作为一种修辞技巧应以包含具有真理性质的修辞主题为中心，“风格如果能表现情感和性格，又和题材相适应，就是适合的”。[④] 亚里士多德反对的不是“诉诸情感”这种做法本身，而是“与主题无关的”诉诸情感，因为它们刺激出的情感与讨论中的重点并没有或至少看起来没有内在联系。[⑤] 根据这一

---

① 刘亚猛：《追求象征的力量》，生活·读书·新知三联书店2004年版，第173页。

② 刘亚猛：《追求象征的力量》，生活·读书·新知三联书店2004年版，第175页。

③ ［古希腊］亚里士多德：《修辞学》，罗念生译，载《罗念生全集》（第一卷），上海人民出版社2007年版，第151页。

④ ［古希腊］亚里士多德：《修辞学》，罗念生译，载《罗念生全集》（第一卷），上海人民出版社2007年版，第326页。

⑤ ［英］罗伯特·沃迪：《修辞术的诞生——高尔吉亚、柏拉图及其传人》，何博超译，译林出版社2015年版，第139页。

立场，演说者应该避免对听众施加与演说主题无关的情感，例如偏见、怜悯等，尤其还需区分诉诸情感与其他修辞手段如诉诸理性在修辞效果上的不同，要避免诉诸情感对其他修辞手段造成修辞效果上的消解。

尤其值得关注的是，亚里士多德对诉讼修辞的特殊性进行了论述，他认为诉讼修辞关注过去的事实以及无争议的道德原则，因此诉讼修辞相比议政修辞而言，具有更多的确定性。诉讼修辞应围绕事实证明问题展开，所使用的修辞手段更为有限。“诉讼演说的风格比较精确；面对单个审判者发表的演说，风格更精确，这时由于很少有机会使用演说的手法，因为审判者更能一眼看出哪些话与案情有关，哪些话与案情无关；由于没有商讨，他的判断是单纯的。所以同一种演说家不能在所有风格上都大显身手。”[①] 虽然修辞风格与具体的演说场景密切相关，亚里士多德仍认为修辞术在道德评价上是中性的，它本身的一些负面功能来自演说者对修辞术的误用，同时，由于演说内容的真实性等标准，限定了修辞本身不会走得太远。

由于修辞论述总是以或然性问题为基础，因此亚里士多德将修辞学与追求确定性和必然性的逻辑学进行知识上的区分，并以此为出发点总结出一些修辞术应用的基本规则。例如，或然性问题的结论不应当从必然的前提得来，而是应当从或然的前提得来；我们不应当根据所有的意见来论证，而应当根据判断者自己或他们所称许的人所承认的意见来论证。[②] 亚里士多德的修辞学承认人们的“意见”作为推理起点的可能性和必要性，承认“从意见或常识开始、逐步有节制地上升到确定性知识”的正当性及合理性。[③] 这种修辞与推理的起点，正是后来修辞学者津津乐道的共识问题。

亚里士多德在哲学意义上把修辞学定位为揭示论辩活动规律的学科，这

---

① ［古希腊］亚里士多德：《修辞学》，罗念生译，载《罗念生全集》（第一卷），上海人民出版社2007年版，第357—358页。

② ［古希腊］亚里士多德：《修辞学》，罗念生译，载《罗念生全集》（第一卷），上海人民出版社2007年版，第268页。

③ 舒国滢：《西方古代修辞学：辞源、主旨与技术》，载《中国政法大学学报》2011年第4期，第33页。

使修辞学从实用性的技艺逐步发展为独立性的知识。学者刘亚猛认为博大精深的希腊修辞学具有四个突出的特征：修辞教育的制度化、修辞思想的系统化、修辞理论的多元化、修辞批评的诞生和开展。[①] 经历了雅典帝国时代修辞术的全盛时期，从公元前 4 世纪末期起，由于希腊受到马其顿的高压控制，政治自由受到限制，民主制虚弱混乱，修辞术虽仍具有生命力，但失去其在兴盛时期的独立学科特征，成为课堂练习的内容，注重风格，讲究规则，技术性特征突出。也被一些学者批评为无价值。[②] 就在古希腊修辞尝试自我改造、寻求新发展的时候，罗马共和国兴起，西方修辞学又得到了一个新的发展机遇。

三、罗马修辞学

希腊文化对罗马的渗透早已有之，罗马的修辞理论完全是在和希腊修辞发生直接而密切的接触后才出现的。[③] 早期罗马修辞理论以系统性和实用性见长，以任何在各种典型的修辞情境中发明出具有说服力的话点作为关注的核心，这种状况到公元前 1 世纪中期之后发生了根本性的变化。以西塞罗与昆提利安为代表的罗马黄金时期的标志性成就与希腊修辞理论的最高成就一样，都出现在内乱或内战前后，而不是在一个稳定体制带来的安定发展过程中实现的。[④] 罗马时期延续了关注公共演说和政治问题的修辞传统，发达的诉讼活动为修辞学的发扬与传承提供了良好的契机。

罗马最著名的修辞学家西塞罗被称为“法庭之王”，他尤其关注修辞理论与法律的紧密结合。他继承亚里士多德的历史方法，追溯希腊、罗马修辞学的发展。[⑤] 西塞罗先后撰写了《论开题》《论演说家》《论题学》等多部修

---

① 刘亚猛：《西方修辞学史》，外语教学与研究出版社 2008 年版，第 42 页。

② ［古希腊］亚里士多德：《修辞学》，罗念生译，载《罗念生全集》（第一卷），上海人民出版社 2007 年版，第 142 页。

③ 刘亚猛：《西方修辞学史》，外语教学与研究出版社 2008 年版，第 73 页。

④ 刘亚猛：《西方修辞学史》，外语教学与研究出版社 2008 年版，第 100 页。

⑤ ［古希腊］亚里士多德：《修辞学》，罗念生译，载《罗念生全集》（第一卷），上海人民出版社 2007 年版，第 142 页。

辞学著作，对修辞学科地位的巩固及对西方修辞传统的确立和发展作出了巨大而独特的贡献。西塞罗深受亚里士多德的影响。他假设修辞术的听众是全知的，这仿佛是为了回应《高尔吉亚篇》中苏格拉底的论证：无知的演说者只能感染同样无知的群众。[①] 他认为演说是最高的智力活动，演说者要熟悉所讲的题材，要研究人们的性格和心理，这样才能教育人、愉悦人、打动人。公元前44年，西塞罗完成了与亚里士多德同名的作品《论题学》。他以罗马法作为研究的法律制度背景，关注搜寻适用于法律问题讨论和个案论证的修辞及论证形式。在《论题学》中，西塞罗通过论式理论向法学家提供了一种扩充罗马法的方法，它既适用于新的、复杂的或边缘的法律问题，同时又是被广泛同意的方式。因此，西塞罗不仅为他那个时代，也为我们提供了一个系统论证理论之实践应用的模型。[②] 西塞罗强调修辞是一门自成一类、极其特殊的领域。修辞的研究对象应该是与人们生活息息相关的日常话语活动和现象，对修辞实践的理论抽象不应该高深莫测、使门外汉望而生畏。“修辞将深刻蕴藏在浅显之下，透过平淡展露神奇，带着常规给它的枷锁却能活动自如。”[③] 正是通过西塞罗，修辞学才确立了自己的权威性，并且奠定了作为普遍文化形式的修辞术最终享有的地位。[④] 西塞罗的修辞学说对罗马修辞学产生了重大影响，也形成了巨大的学术权威。

公元90年左右，昆提利安的修辞学思想推动罗马修辞学跃上另一座发展高峰。昆提利安的修辞学思想主要体现在他的晚年著作《论演说者的教育》这一鸿篇经典之中。昆提利安写作的目的是培养兼有美德与雄辩能力的经国

① ［英］罗伯特·沃迪：《修辞术的诞生——高尔吉亚、柏拉图及其传人》，何博超译，译林出版社2015年版，第119页。

② See D. S. Levene, Introduction: Topoi in Their Rhetorical Context. In S. Rubinelli, *ARS TOPICA: The Classical Technique of Constructing Arguments from Aristotle to Cicero*, Springer, 2009, p. xxii. 转引自武宏志、张海燕：《论式：修辞学、辩证法和逻辑学的关系纽结》，载《山东大学学报》2011年第5期，第119页。

③ 刘亚猛：《西方修辞学史》，外语教学与研究出版社2008年版，第105页。

④ ［英］罗伯特·沃迪：《修辞术的诞生——高尔吉亚、柏拉图及其传人》，何博超译，译林出版社2015年版，第118页。

济世之才。他从教育研究者的立场出发，对古典修辞理论进行梳理重述，为受教育者提供了最为系统全面的修辞理论训练，并对修辞可能采用的论式进行了细致分析。“昆提利安独家揭示了古典修辞的一个基本特征，即多元性和争论性。”① 直到今天，这一特征仍作为修辞学的核心特征而存在。修辞是昆提利安教育思想的核心，他强调修辞教育的各个阶段都需要多学科参与，在此基础上，对修辞语言的精英化与大众化、权威与道理的关系等进行了阐释，这些直到今天都是修辞学及修辞论证的核心问题。昆提利安卓有先见地注意到修辞不仅应关注“说什么”和“怎么说”，还要注意“在什么情况下说”，这正是在20世纪之后被语言学、新修辞学广泛关注的“语境”问题。②在学术史上，关于昆提利安修辞学思想所具有地位的评价有所变化。对此刘亚猛认为，“20世纪以来有关西方修辞的历史叙事对他的评价发生了变化，逐渐将他看成仅是一位‘述而不作’的集大成者，认为他在《论演说者的教育》一书中阐述的修辞思想缺乏原创性和理论深度，他在西方修辞学发展史上的价值和地位不仅不如西塞罗，更在亚里士多德之下。然而对他的贬抑就跟赋予亚里士多德《修辞学》崇高的历史地位一样，更多地是出于某种现代学术意识形态的需要而作出的再评价，既与已知事实不尽相符，也未必能得到现存文献资料的充分支持。”③ 无论学界对于昆提利安修辞学思想作何评价，仅就其修辞学思想内容本身，是值得认真对待的。

在随后的几个世纪，罗马帝国衰落，基督教兴起，欧洲社会迎来了它的中世纪时期，西方修辞学兴盛的古典时代也随之终结，修辞术发挥作用的主要场景发生了转移，这带来了修辞学内部的深刻变化。

四、中世纪及文艺复兴时期的修辞学

关于修辞学与基督教的关系，有学者认为，随着基督教的兴起及其在欧

① 刘亚猛：《西方修辞学史》，外语教学与研究出版社2008年版，第114—115页。

② 李秀香：《昆提利安教育思想及其当代启示》，载《福建师范大学学报》（哲学社会科学版）2016年第1期，第161页。

③ 刘亚猛：《西方修辞学史》，外语教学与研究出版社2008年版，第113页。

洲统治地位的确立，修辞学逐步为神学和哲学所遮蔽而走向沉寂。[①] 这主要是在现代以论辩为核心的修辞学意义上来回望基督教修辞。如果从基督教内部来说，它与修辞的关系则要复杂得多。因为基督教的基本教义是源于对语言特别重视的古犹太宗教，因此和修辞有一种天然的亲密关系；但是古典修辞学对于赢得整个欧洲社会、文化以及政治上支配地位的基督教来说，又是一种异教文化，二者之间总有无法释放和化解的张力。圣·奥古斯丁的《论基督教教义》标志着基督教修辞学的滥觞。他在修辞的名义下将布道、圣经诠释、符号解读以及通过阅读和沉思进行精神修养等相互关联的宗教兴趣融为一体，从而在修辞领域引进了一个神学视角或者说开创了一个神学传统。[②] 基督教修辞具有浓厚的阐释和文学色彩，它在审议修辞或庭辩修辞中已经基本失去作用空间，转而主要作用于基督教仪典中的语言表达。

文艺复兴为修辞学带来了短暂的春天。作为文艺复兴最重要的组成部分之一，随着人文主义的兴盛，修辞的学科地位也不断提高，甚至完全可以与古典时期的兴盛相媲美。当然，这种复兴并不是对古典修辞思想与实践的简单重现，而是根据当时社会文化变革的需求对古典修辞学有选择的利用。整个 16 世纪，修辞学都保持着复兴的大势。从 17 世纪开始，席卷整个欧洲的现代主义思潮使修辞学的生存空间发生了实质性变化。

在现代主义思潮中，对修辞学造成最大冲击的，当属 17 世纪中叶盛极一时的理性主义以及 17 世纪末 18 世纪初获得长足发展的经验主义。理性主义以法国哲学家、数学家和科学家笛卡尔的思想为代表。笛卡尔所开启的主客观二分的认识论模式，将真理视为完全独立的客观实在，主张拒绝那种仅具有或然性的知识，追求毫无疑问、完全值得信赖的知识。这与古典修辞学主张修辞术用于或然性问题讨论的知识传统是背道而驰的。启蒙和理性时代的经验主义以英国哲学家培根和洛克的思想为代表。培根曾非常重视修辞术的作用，但洛克对修辞术提出严厉的批评。他指出，“如果要谈论实实在在的

---

① 王彬：《法律修辞学的源流与旨趣》，载《北方法学》2013 年第 1 期，第 124 页。

② 刘亚猛：《西方修辞学史》，外语教学与研究出版社 2008 年版，第 163 页。

事情，那么就需明白，所谓修辞术讲究词序、清晰，还有它生造出来的各种比喻毫无用处，只会让错误的思想渐渐侵染观众的头脑，煽动他们的感情，进而误导他们，让他们作出错误的判断；因此，这些东西纯粹是骗人的。"① 修辞术中包含了欺骗的力量，这是自始便有的，但是在启蒙与理性时代，这一问题受到了更为集中的攻击。对修辞学这段被打压的历史，有学者描述道："按照一般的历史叙事，从17世纪到20世纪初叶的三百多年是修辞继中世纪早期之后经历的另外一个没落期，而且所经历的没落跟上一次相比更为单纯也更加彻底。从17世纪开始，欧洲历史进入其现代阶段。由于这一新阶段的现代性是通过与传统思想观念的决裂而得到界定的，代表着传统智慧和古典学术的修辞学不管是否愿意都只能被推向时代潮流的对立面。"② 在这样的时代背景和理论冲击之下，修辞学再次陷入沉寂，甚至可以说"走向衰亡"。

五、修辞学的复兴与新修辞学的出现

进入20世纪，人类社会的现代性步入新的高度，也出现了很多前所未见的问题，曾让思想家们引以为傲的理性主义并不能对这些问题进行妥善化解，人们不禁对理性主义进行反思。人们意识到，并非全部社会现象都可以用主客观二分的认识模式来理解，人文社会科学领域诸多问题的解决，不能再采用追求永恒不变客观真理的思路，理性主义的形而上学被质疑甚至抛弃。在此期间，西方哲学中的语言学发生了转向，这直接推动了修辞学的转向与新发展。语言是理解的载体，对语言的重视成为语言哲学家们方法论上的基本出发点。英美法国家的分析哲学家们关注的重点也从语义学转向语用学。哲学诠释学则更进一步将语言从工具论、认识论的立场上升为本体论、存在论

① John Locke, *An Essay concerning Human Understanding*, Book 3, Chap. 10, Sec. 34. 转引自［美］尼科尔斯：《柏拉图与作为政治的修辞术》，贺志刚译，载刘小枫、陈少明主编：《古典传统与自由教育》，华夏出版社2005年版，第96页。

② 刘亚猛：《西方修辞学史》，外语教学与研究出版社2008年版，第231页。

的高度。“能被理解的存在就是语言”①，在哲学诠释学家看来，语言不仅仅是人们认识和表达的工具，人类的存在本身就依赖于语言，从这一意义上说，语言及语言基础上的理解成为人类的存在方式。在这样的背景下，用二分法看待信仰和知识、主体与客体、真理和意见、表象和实际以及科学和修辞的思维方式被认定是没有前途的思维方式。“表现的形式和想要表现的内容区别开来则不能成立；形式与内容分隔没有用处；修辞学与科学、哲学或政治的目标剥离则不再可靠。所有的话语都是修辞性质的话语。”②

在理性主义衰落与语言学转向的背景下，古典修辞学中关于论证（论辩）的关注被重新提起并获得了新的生命。哲学家们意识到，在价值多元的社会，知识，尤其是真理的获得不能依赖于自然科学的认识方法，而需要通过阐释、论辩等以交流沟通为核心的途径，修辞学的研究发生了转向。对于20世纪修辞学的发展来说，这一被命名为“修辞学转向”的思潮具有重大意义，它意味着在“理性与科学”时代脱离修辞这一“母体”，通过和传统修辞思想决裂而发展起来的那些现代研究领域对修辞的一种回归。③ 在哲学家和修辞学家的共同努力下，修辞学与哲学传统上的分离得到了修复，大大地巩固了修辞学的学术地位。修辞的功能从言说技巧提升到人类的生存状态。修辞学理论的更新和深化扩大了修辞学的视野，为修辞学的跨学科研究开辟了广阔的领域。④ 在修辞学转向的背景下，修辞意识在人文社会科学领域迅速蔓延，20世纪80年代，修辞学研究的转向广泛地影响了法学、哲学、文学、政治学、社会学等领域，修辞学研究蓬勃发展。“跨学科”成为此次修辞学转向的最大特点。修辞学的跨学科性既体现在修辞意识、视角和方法在人文社科不同领域和不同学科获得学者广泛接受，也表现在它通过引进、吸

① ［德］汉斯－格奥尔格·加达默尔：《真理与方法》（下卷），洪汉鼎译，上海译文出版社1999年版，第606页。

② ［美］尼科尔斯：《柏拉图与作为政治的修辞术》，载刘小枫、陈少明主编：《古典传统与自由教育》，华夏出版社2005年版，第100页。

③ 刘亚猛：《西方修辞学史》，外语教学与研究出版社2008年版，第292页。

④ 温科学：《当代西方修辞学理论的发展与创新》，载《福建师范大学学报》2003年第6期，第25页。

收和利用所有这些不同学科提供的理论资源构建起一个“新修辞”这一事实。[1]

修辞学对包括法学在内的很多学科都有着比较深远的影响，法律修辞学的研究尤为突出。从修辞学的发展历史来看，无论是古典修辞学还是现代新修辞学，法律修辞都是其重要内容。修辞术诞生这一事件本身就与法律实践密切相关。在古代，人们就已经将法学视为修辞学科。[2] 修辞学在现代法学研究中的兴盛，则与法学自身的特点有关。随着社会的发展以及人们对自身认识的深入，人们越来越发现法律实践中存在太多的不确定性。语言的模糊，法律遭遇案件时的多义性，疑难案件的争议等。这些争议既包括语言方面的、事实方面的，也有法律规范本身的。在现代社会中，多元的价值观及选择偏好压缩了权威主义的空间，要增加人们长久以来期待的确定性、正当性，就需要使用法律修辞。修辞学与权力建构、探寻真理的目标密切相关。用孙斯坦的话来说，“在必须达成一致意见的情况下，使一致意见成为可能；在不可能达成一致意见的情况下，使一致意见成为不必要。”[3] 在法学领域，修辞学也成为现代法律论证理论的重要理论来源。修辞学从关于说服的技艺发展为一般意义上的法律方法论，其对论辩的关注也对法律实践产生了深远的影响。从修辞效果上来说，如果法律产品被强加于人，那么它虽可能令人慑服，但却不会得到尊重。因此在裁判中说理成为法官的普遍义务，两大法系融合的趋势在追求判决合法性的问题上得以进一步展现。

当代法律修辞学研究主要代表人物与作品，如比利时学者佩雷尔曼的《新修辞学》、英国学者图尔敏的《论证的运用》、德国学者菲维格的《论题学与法学》、德国学者哈夫特的《法律修辞学》等都产生了深远的影响。以佩雷尔曼为代表的新修辞学理论有力地推进和促成了发生于20世纪欧美

---

① 刘亚猛：《西方修辞学史》，外语教学与研究出版社2008年版，第293页。

② ［德］托马斯·维腾贝格尔：《法律方法论之晚近发展》，张青波译，载《法哲学与法社会学论丛（8）》，北京大学出版社2005年版，第18页。

③ ［美］凯斯·R. 孙斯坦：《法律推理与政治冲突》，金朝武、胡爱萍、高建勋译，法律出版社2004年版，第7页。

主流话语观念的三大转变，即“非形式逻辑”的崛起及其对“形式逻辑”形成的挑战；“论辩”观念的崛起及其对逻辑长期享有的中心地位的挤占；修辞思想的扩展及其对逻辑实证主义代表的“哲学方法”的取代。① 麦考密克、佩策尼克、阿尔尼奥等人则是将法律修辞置于法律论证理论之中进行研究，使法律修辞成为论证理论的重要组成部分。麦考密克说，从“修辞”的诸多意义中的一种意义上看，它研究的是非证明性的却具有说服力的论证。②“我们的讨论是以对认为修辞研究能够阐明法律的论辩性特征之观点作出一定程度的抽象思考为背景展开的。我们已经考虑过，对‘新修辞学’观点的一种程序性或一种话语理论的发展或许有望为我们的法律论辩以及的确也包括其他实践领域，提供一种可接受的理性框架。”③ 根据学者吕玉赞的考察，国外的当代法律修辞学与古典法律修辞学（包括争议点、决疑术、论题学和法律辩证法）在知识论和方法论上存在明显的继承和发展关系。整个当代法律修辞学体系，法律修辞学的概念、论辩前提、论辩方法、修辞布局以及修辞表达基本上都来自古典法律修辞学。相较于古典法律修辞学，当代法律修辞学唯一的进步之处在于，根据当代法律体系的法典化水平和法教义学的发展，法律修辞的论辩起点、修辞方法、修辞布局和修辞表达有了更加规范性的重构和发展，当下法律修辞学更倾向于效力导向的法律论辩。④“法学的理性在于它的论证之理性”⑤。无论是古典修辞学还是现代新修辞学，追求在或然性问题上的成功说服一直是其重要的内容。修辞学的转向不是复兴一种“古老知识的残余”，而是置之死地而后生的一次自我救赎。

① 刘亚猛：《西方修辞学史》，外语教学与研究出版社2008年版，第322页。

② ［英］尼尔·麦考密克：《修辞与法治》，程朝阳、孙光宁译，北京大学出版社2014年版，第42页。

③ ［英］尼尔·麦考密克：《修辞与法治》，程朝阳、孙光宁译，北京大学出版社2014年版，第30页。

④ 吕玉赞：《把法律作为修辞理论研究》，山东大学2015年博士论文，第23页。

⑤ ［德］阿图尔·考夫曼、温弗里德·哈斯默尔主编：《当代法哲学和法律理论导论》，郑永流译，法律出版社2002年版，第462页。

新修辞学的科际整合性质也使得当今学界关于修辞概念的阐述显得迷雾重重。学者们总是从不同角度对修辞进行界定和研究。例如，沃迪提出，“我们可以说，修辞术是说服他人的能力；或是这种能力在实践中的实现；或者至少是为了说服而作出的尝试，无论成功与否。”① Bitzer 和 Black 将修辞界定为“象征或象征系统借以对信念、价值、态度和行为产生影响的那个过程”②。伯克认为修辞是“人类施事者通过词语的使用促使其他人类施事者形成一定的态度或采取某种行动”③。当代行为主义修辞学家杰拉德·豪斯认为修辞是一种力图促进社会合作和实现人类自身价值的交际行为，是有意识地在相对短的时间内取得预期效果的言语交际，是为了促进社会合作而对语言符号的运用。④ 赫伯特·西蒙思教授曾说，“新修辞学”现在可以定义为对可利用的明智地处理社会问题的话语手段的寻求。⑤ 虽然这些定义各不相同，但学者们在对修辞概念的界定中表现出了共同性，即修辞不再仅仅被视为一种语言表达的技巧，他们已经将关注的重点放到对人类相互行为的研究之上。修辞学的这种发展与语言学的转向具有密切联系，正是在语言学尤其是语言哲学的观照下，修辞获得了超越纯粹语言、超越工具技巧的内涵。然而，虽然新修辞学与语言学关系密切，从西方修辞学的发展历程来看，修辞学与语言学似乎却有渐行渐远的路径。“修辞学界作为一个整体倾向于将语言学看成是与自己存有深刻而带根本性分歧的异己学科。”⑥ 可见，修辞理论虽然一直都在关注语言的策略性使用，但其已经超越了单纯的语言使用技巧。学者

---

① ［英］罗伯特·沃迪：《修辞术的诞生——高尔吉亚、柏拉图及其传人》，何博超译，译林出版社 2015 年版，第 1 页。

② 转引自刘亚猛：《当代西方修辞学科建设：迷惘与希望》，载《福建师范大学学报》（哲学社会科学版）2004 年第 6 期，第 2 页。

③ 刘亚猛：《追求象征的力量》，生活·读书·新知三联书店 2004 年版，第 220 页。

④ See Hauser，G. A. *Introduction to Rhetorical Theory*. Waveland Press，Inc，1991. pp. 2 – 3. 转引自鞠玉梅：《修辞的本质与功能——兼论修辞与和谐社会的构建》，载《福建师范大学学报》（哲学社会科学版）2007 年第 6 期，第 81 页。

⑤ 转引自邓志勇：《西方“新修辞学”及其主要特点》，载《四川外语学院学报》2001 年第 1 期，第 92 页。

⑥ 刘亚猛：《当代西方修辞研究的两个特点及其缘由》，载《当代修辞学》2010 年第 2 期，第 15 页。

们已经形成共识，修辞不仅仅是语言上的修饰，它更重要的作用在于促进人们在思想上接受论证者提出并争取相对方接受的论题。从这一意义上说，修辞是一种实用的技术和方法，它主要并不是进行文体、文采的研究，也不仅仅是一种修饰语言的艺术或者技能，而是一种说服人的手段或技术，它挖掘了语言中所蕴含的巨大力量。

在这一前提下，修辞范围究竟有多大，学界仍论争不断，20 世纪 90 年代形成了大小修辞的论争。简单来说，赞成“大修辞”者往往将目光投向“一切象征和语言的应用”，认为“所有说服性行为都是修辞行为，一切象征和语言的应用都是说服性的，因而都具有修辞本质。”大修辞理论其实是将修辞上升到本体存在的高度。而提倡“小修辞”者则认为不应该把什么都看成修辞，否则世间也就不存在任何“非修辞”，这就会造成修辞无所不在却又什么地方都不存在的吊诡局面；而且，从学术评估的角度看，修辞研究的涵盖面越广，它的功能也就会越小。[①]“小修辞”将修辞作为对语言的加工活动，主要关注语言的使用技巧和方法。本书使用的法律修辞概念，主要是指立法或司法领域所使用的说服方法，其本身包含了必要的价值预设。这虽然是在比较宽泛意义上使用修辞概念，仍与所谓的“大修辞”有所区别，即并不致力于将修辞理解为一种本体的生存方式和状态，从而区别于本体论的修辞学。因为，过于夸张的修辞无助于我们理解修辞的本质。[②] 当我们讨论法律领域的修辞方法时，把修辞视为与其他方法并列的一种具体方法更为妥当，这样一来我们就可以将修辞行为与其他行为区分开来，也使得法律修辞更具操作性。

---

① 刘亚猛：《当代西方修辞学科建设：迷惘与希望》，载《福建师范大学学报》（哲学社会科学版）2004 年第 6 期，第 4 页。

② 波斯纳说，“尼斯·伯克（Kenneth Burke）和切姆·佩雷尔曼（Chain Perelmann）的著作中，（修辞）这个学科被夸张得让人认不出来了。”参见［美］理查德·A. 波斯纳：《超越法律》，苏力译，中国政法大学出版社 2001 年版，第 575 页。

第二章　立法修辞的要素

在现代国家中，法律成为建立和维护社会秩序最重要的因素之一。早在古希腊，亚里士多德就提出法治概念最重要的内涵就是人人守法，而且人们遵守的法律是制定良好的法律。① 立法质量的高低事关一个国家法治建设的成败。那么，立法者②如何才能制定出良好的法律，从而获得人们的普遍遵守呢？根据法律商谈理论，法治理论有一个关键性的问题没有回答，就是法律本身的正当性问题。“合法律性”本身不能为法律自身提供正当性依据，自然也不能作为人们自愿遵守法律的理由。那么，法律的正当性应如何建立？哈贝马斯认为，法律的正当性，并不是来自主权者的命令，而是建立在商谈和论辩的基础上的，即应以基本的共识为基础。理想情景下一个国家的法律应具有两方面的意义：“一方面是因为它是根据现行的结社法律而实证地颁定的，另一方面是因为它已经被合理地同意了。”③ 在这一点上，商谈理论与新修辞学是殊途同归的。④ 作为新修辞学的代表人物，佩雷尔曼也认为，单纯的暴力不仅不能成为良法的理由，而且还会使立法权威的地位岌岌可危。

---

① ［古希腊］亚里士多德：《政治学》，吴寿彭译，商务印书馆1983年版，第167—168页。

② 法律规范的建构过程在大陆法系国家主要依赖于立法行为，在英美法系国家依赖于判例法。由于判例中确立规范的过程也是裁判的过程，与成文法的制定过程有很大差异，为便于区分，也为行文方便，在此，我们仅就通过制定成文法建构法律规范的情形进行论述。

③ ［德］哈贝马斯：《在事实与规范之间——关于法律和民主法治国的商谈理论》，童世骏译，生活·读书·新知三联书店2003年版，第88页。

④ 如阿列克西所说“在佩雷尔曼那里被称为普泛听众认同的东西，在哈贝马斯那里就被称为在理想的言谈情境下达成共识的东西。”参见［德］阿列克西：《法律论证理论》，舒国滢译，中国法制出版社2002年版，第205页。

当立法者认识到他所制定的法律并未达到不证自明的程度，而且立法也不能武断地强行通过时，他必须提出充分的理由，使民众得以自愿接受。[①] 而通过提供可信的理由进行说服正是修辞的功能所在，如此，立法过程也为修辞的运用提供了广阔的空间。新修辞学本身就是一个“跨学科的研究领域”，将修辞学与立法学相结合，对于我们探讨提高立法质量，从而提升作为立法成果的法律自身的正当性，或许是一条可探索的进路。

根据大小修辞理论所确立的定义模式，狭义的修辞主要是指一种使用语言的技巧和方法，是对语言的加工活动。广义的修辞则不仅是文本上的修辞手法，还包括所有用以增强说服力的手段。具体到立法修辞则是指立法者根据制定规范的需要，选择、配置最佳语言形式，提高表达的准确性，并借以增加表达效果的活动。如果我们把立法的过程认定为生产法律产品的过程，那么立法修辞则是这一产品的外包装和促销手段。在此，本书将取修辞的广义。立法修辞就是指立法者在制定法律的过程中为获得人们对法律内容的认同而采取说服性手段的行为，这不仅包括立法者对立法语言的选择、加工、润色，还包括立法者在立法论证、立法报告以及其他立法过程中所使用的说服性方法和策略。立法修辞不仅是立法过程中语言的使用方法和技巧，也是一种理性论证说服的方式。

为了使立法修辞的内涵更加明晰，我们有必要将立法修辞与相近概念立法技术进行基本的区分。关于立法技术的概念，学界普遍认为，其可以进行广狭两种意义上的界定。狭义的立法技术主要是指“法律的内部结构和外部结构的形式，其主要包括三个方面：立法结构技术、立法表达技术、立法系统化技术”[②]。广义的立法技术则包括“立法机关的组织技术、立法程序的设计技术、法律构造技术和立法结果的评价技术”[③]。还有的学者认为，立法技

① See Chaim Perelman, *Law and Rhetoric*, op. cit., p. 120. 转引自廖义铭：《佩雷尔曼之新修辞学》，唐山出版社 1997 年版，第 302 页。

② 胡峻：《“根据宪法，制定本法”作为立法技术的运用》，载《法治研究》2009 年第 7 期，第 14 页。

③ 刘爱龙：《“法律的内在道德”抑或“立法技术的伦理正当性”——从“富勒困境”谈起》，载《江海学刊》2010 年第 2 期，第 213 页。

术本身并不仅仅是立法技术的应用问题，其也包含立法的技术伦理问题。[①] 由此可见，从概念的内涵和外延上来说，立法技术涉及多个层次，而立法修辞则主要是语言方面的，而且主要是借助于书面语言实现的。立法修辞虽主要借助于语言，但是其并不能等同于立法过程中语言的使用技术，因为它以获得公众对法律的接受为最终目标。可见，立法修辞与作为立法技术的立法语言表达技术具有重合之处，但是其在更广泛的范围内有不同的内容，或者说各有侧重。立法修辞强调其作为一种实现说服、达致“同一”目标的方法和策略，而立法技术则强调其具体的操作。立法者通过立法修辞以增强待颁布法律文本的“正当性”，并期望以此来获得人们普遍、一致的信仰与服从。

一、权威：立法修辞的起点

法律作为人类的一种社会行为规范，突出的特点就在于国家强制性，但是，随着立法民主化的趋势日益加强，现代任何法治国家都无法单纯依赖国家暴力来保证法律的实施。法律要获得良好的实际效力，必须获得人们的心理认同和接受，这便是立法修辞要做的工作。那么在选择具体的修辞方法之前，我们应如何看待立法者背后的国家强力，从立法修辞的角度来说，这种强力带给了立法者怎样的处境，立法过程中的权威会成为修辞的障碍还是优势，这是我们需要首先面对的问题。

对立法的权威我们可以分为两个层面，一是立法者作为法律制定者的权威，二是立法内容的权威性。从权力来源上说，作为一项民主性的权力，我们可以认为立法者的权威来自人民授权，立法权是一项民主权力，其一旦成为国家权力，也就具有了强制特征。作为立法者的立法成果的法律，一经作出，便具有了法律上的约束力，也具有了特定的权威。但是立法内容的权威与立法者的权威是不同的。如果套用弗里德曼关于权威分类的理论，立法者制定法律的权力是首要的合法性权威，它无须提供理由。但法律内容的权威

① 刘爱龙：《“法律的内在道德”抑或“立法技术的伦理正当性”——从“富勒困境”谈起》，载《江海学刊》2010年第2期，第213页。

性，是一种派生性的权威，它们需要有充足的理由证明自己的正当性，或需要表明与更高的权威或更高的合法性之间存在某种联系。而这样的一种联系是需要借助于带有理由的意见来表达的。[①] 在此，我们已经明确，我们要求立法修辞所工作的领域主要不是论证立法者立法权的正当性，而是论证作为立法成果的法律本身的正当性或者其与首要权威之间的关联。这样，我们也能够理解为什么一些学者在权威能否作为修辞的起点上存在争议了。

根据汉娜·阿伦特的观点，权威的本质特征不是别的，恰恰是“与说服不相容”。用她的话说，任何情况下只要人们就任何宣认“提出理由，权威就靠边了”。[②] 美国当代学者布鲁斯·林肯把这一点讲得更为透彻：“当人们要求权威进行自我解释而权威对此的回应是认真举出（关于自己为什么应该被尊为权威的）理由，而不是断然再次坚持自己（的权威地位），它在这么做的那一瞬间马上转化为说服（或说服企图），不再成其为权威。”[③] 其实，权威与说服是不矛盾的。我们不应将立法仅仅视为国家权威的宣示，考虑到立法未来的实施效果，其追求公众的认可是理所当然应追求的目标。很多时候，权威本身还是作为说服手段的修辞策略中的积极因素。在亚里士多德的《修辞学》里，他将修辞者的“人格”作为修辞的首要手段。[④] 在现代法治国家，立法主要是一种民主性权力，立法者大都是因具有优秀的品格和突出的能力而经由民选产生的，由此我们可以推论，他已经具有了亚里士多德说的人格威信。同时我们也发现，立法者的人格威信与“权威”可能是无法严格区分的，因为我们无法作出这样的论断，即立法者之所以具有人格威信仅仅是由于他的品格和能力，而与其掌握的立法权无关。当然，如果把修辞的成败最终归结于权威问题，可能是过于简化了修辞过程，但这也从一个侧面表

---

① ［美］劳伦斯·M. 弗里德曼：《法律制度》，李琼英、林欣译，中国政法大学出版社 1994 年版，第 276 页。

② 刘亚猛：《追求象征的力量》，生活·读书·新知三联书店 2004 年版，第 181 页。

③ 刘亚猛：《追求象征的力量》，生活·读书·新知三联书店 2004 年版，第 182 页。

④ ［古希腊］亚里士多德：《修辞学》，罗念生译，载《罗念生全集》（第一卷），上海人民出版社 2004 年版，第 151 页。

明，立法者拥有的权威不仅不会成为说服的障碍，而且还可以帮助其增强说服的效果。

在拥有了特定的权威之后，在立法过程中，立法者还可以通过特定的技术，提升立法本身的权威。例如，在法律文本的语言表述中，经常使用肯定句式中的长句和复杂句，这不仅是因为这种句式容量较大，易于达到表意周密的效果，还在于这种句式有表意明确的效果，正好能体现法律规定不容商量的权威性。[①] 一个更为突出的例子，我国的很多与宪法关系密切的法律都在第1条写明“根据宪法，制定本法”。在一个国家中，宪法作为根本法，具有高于其他法律的优越地位，它提供了制定其他法律的基础。“根据宪法，制定本法”的表述不仅是承认宪法作为一国根本法的母法地位，更是表明本法与宪法之间的关联，从而提升自身的权威性，继而获得社会接受的可能。事实上，无论法律条文中是否写“根据宪法，制定本法”，其内容都是不能与宪法相抵触的。我国婚姻法中就没有写“根据宪法，制定本法”，但是我们通常都不会认为其涉嫌违宪，因为其内容是符合宪法的。在这一意义上说，“根据宪法，制定本法”本身就是一种提高立法认同度和正当性的修辞策略。这种立法的方法不仅现在有，根据哈耶克的说法，“用一项更高级的法律支配常规立法的观念，乃是这一渊源极为深远的观念，在18世纪，此更高一级的法律通常被认为是上帝之法、自然之法或理性之法”[②]。

虽然权威对提升立法质量具有重要的作用，但很多时候，单纯的权威并不能成为正当性的理由。“正如权威观念在此前就已经表明的那样，它既不能满足人们对建立一种完美无缺而又恒定不变的法律的欲求，也不足以向人类证明这样一个道理，即由于法律赖以为基础的某种东西要比人的意志更稳定，要比人们实现公平待遇的欲求更恒久，要比人类的智慧更值得信赖，因

---

① 吴礼权：《基于计算分析的法律语体修辞特征研究》，载《云南师范大学学报》（哲学社会科学版）2003年第6期，第55页。

② ［英］哈耶克：《自由秩序原理》，邓正来译，生活·读书·新知三联书店1997年版，第224页。

此它可以要求人类完全且无条件服从。”[①] 因此，立法修辞质量的提升还需要考察其他要素。

二、听众：立法修辞的中心

根据新修辞学的观点，交际的必要是修辞适用的前提，说话者所企图影响的人就是听众，修辞者应根据不同的听众采取不同的修辞策略。在此，听众的存在不是作为修辞的单纯受众，而是与修辞者一起构成了一对修辞关系中的双方主体而成为修辞活动的中心。

普泛听众和特定听众是新修辞学对听众的基本分类。普泛听众也被称为理想听众，是在特定领域内的广泛群体，其特点是具有较为完备的知识和较高的理性；特殊听众则是处于特定语境中的听众，是实际言谈所直接面对的听众。与行政执法和司法领域不同，立法者面对的对象既是具体的，又是抽象的。我们可以将立法者所面对的听众称为“混成听众”，听众的成员在身份、地位、职业、性格等方面各不相同。“想要赢得不同听众的认可，说话者便需使用复合论点。”[②] 要说服这样的复杂听众群体，立法者应首先对听众进行分类，然后根据不同的听众采取不同的修辞策略和方法。当然，这只是一种无法实现的理想状态。对不同的听众，立法者最终所能呈现的也只能是统一的规范文本。虽然立法者所面对的听众的确是一些有名有姓、有自己独特经历和思想感情的真实的个人，但是，立法者必须将其当作由一个国家内的一切“有理性”或“通情达理”的人构成的那个受众集合即“普泛听众”的成员来看待。[③] 这样，立法者首先要关注的就是占据听众比例较大的一部分听众的意见，因为他们构成了“普泛听众”中的大多数。例如，在《侵权责任

① ［美］罗斯科·庞德：《法律史解释》，邓正来译，中国法制出版社2002年版，第7页。

② Chaim Perelman and L. Olbrechts-Tyteca, *The New Rhetoric: A Treatise on Argumentation*, University of Notre Dame Press, 1969, p. 22.

③ 刘亚猛：《西方修辞学史》，外语教学与研究出版社2008年版，第328—329页。其实这仍然是相对而言的，具体在不同的国家，由于法律文化传统的不同，立法者仍然会自觉不自觉地对听众的考虑有所偏向。例如《德国民法典》晦涩艰深，而《法国民法典》则通俗易懂，这是因为它们设定的听众不同，采取的语言风格也有所不同。

法（草案）》中，第58条使用了“医学文书及有关资料”这一概念，正式文本中则改为“病历资料”。很明显，后一种表述更为简洁且通俗易懂，有利于更广泛听众的理解和接受。根据刘风景教授的研究，法律语言是日常生活的还是专业技术的，是判断一个社会法律是否民主的重要标准。在民主国家，法律是人民意志的体现，它来自人民并服务于人民。隐喻就是一种日常语言形式，它扎根于普通人的思维结构和语言习惯之中，是民主性法律的理想话语形式。与此同时，与法律语言的特征相适应，法学家对一个概念下定义的任何企图，必须要将表示该概念的这个词的通常用法当作它的出发点。① “民主派一般都对修辞比较友好，而对科学心存疑虑。修辞看重的是普通人的看法，更极端一点，可以说修辞是把舆论视为真理的决断者，而科学则把权威授予专家。”②

与此同时，对普泛听众的关注还意味着，立法者所建立的规范是普遍适用的，其对于特定社会中处于任何语境内的所有具有理性的人都成立，其具有一定的“真理”的性质。换句话说，诉诸普泛听众的修辞至少在理论上应该“使读者确信其理由的正确性是绝对和永恒的，它超越了一切具有地方性和历史性的偶然事态，所以是任何人都不能不接受的”③。如果立法者通过这种普世诉求成功地造成一种印象，或者具有超越时空因素的有效性，这样就会给听众传达这样的信息，即他所面对的是不得不服从的真理，这样，虽然听众作为个人具有思考和选择的自由，但是他已认识到无须再对法律文本的真实性和正当性进行辨别，在这个意义上来说，理性也具有给人施加压力的效果。④ 虽然任何立法过程的背后都有无数的伦理和政治的争议，但立法却

---

① 刘风景：《法律隐喻的原理与方法》，载《山东大学学报》（哲学社会科学版）2011年第5期，第130页。

② ［美］理查德·A. 波斯纳：《超越法律》，苏力译，中国政法大学出版社2001年版，第589页。

③ Chaim Perelman and L. Olbrechts-Tyteca, *The New Rhetoric: A Treatise on Argumentation*, University of Notre Dame Press, 1969, p. 31.

④ 社会成员“就将由于所面对的显然是使人不得不从的真理而中断自己就是否接受论点进行思考，论辩过程也就不再发挥作用。受众成员作为个人虽然有思考和选择的自由，却屈从于理性施加的强制性限制，听任理性剥夺了他（对论辩）可能抱有的一切疑问”。Chaim Perelman and L. Olbrechts-Tyteca, *The New Rhetoric: A Treatise on Argumentation*, Notre Dame University Press, 1969, pp. 31 – 32. 另可参见刘亚猛：《西方修辞学史》，外语教学与研究出版社2008年版，第328—329页。

不直接处理待决行为本身的善恶问题，在法律文本中也不对这些问题进行论证，而是以庄重而简洁的语言给我们传达这样的信息：无论政治或伦理上有何争议，法律的规定就是如此，而且本该如此。在这一过程中，严密的逻辑扮演了重要角色。“对普泛听众而言，最有效的修辞正是通过形式逻辑的证明。”① 现代法治国家的立法，无不遵守严格的逻辑规则。立法者通过严密的逻辑使得立法的内容看起来更符合理性、更不容置疑。因此，立法者虽然没有办法根据特定的听众采取最有针对性的不同修辞策略，但是，其抽象、简洁的语言风格会提升其整体的修辞效果。

此外，要获得普泛听众的认可，不仅需从修辞方法上着手，还应关乎立法的内容，因为关注听众的关键就是选择合适的共识作为修辞的基础。佩雷尔曼指出说话者最为有力的支持，便是心理与社会上的惯性因素。此惯性乃是假定在没有反证的情况下，原本所有的态度——即表现出来的意见、亦即所喜好的行为，因为对于一致性的期待，或是来自习惯的强制而使其在未来将会持续。② 从社会学上讲，这种价值观是作为一种社会事实存在的。但是佩雷尔曼认为，事实不是某种客观的存在，事实的特性，就是人们对于某些特定的资料所具有的共识。从这一意义上来说，为普泛听众所认可，并且这种认同接受的程度已经无须再予以强化的东西就是事实。③ 普泛听众所能认同的意见，其于社会法学上的意义，即是形成“压倒性社会优势力量”的意见。④ 要违背社会形成的共识，则就给自己设置了沉重的论证负担。佩雷尔曼认为：“谁要怀疑或批评什么，则必须告知其怀疑或批评的理由。进而言之，它对禁止漫无边际的怀疑提出了正当化的论证。据此需要证成的领域，在相当程度上是加以限制的。它并不要求对一切东西进行证成，所要证成的

---

① Chaim Perelman and L. Olbrechts-Tyteca, *The New Rhetoric: A Treatise on Argumentation*, University of Notre Dame Press, 1969, p. 32.

② See Chaim Perelman and L. Olbrechts-Tyteca, *The New Rhetoric: A Treatise on Argumentation*, University of Notre Dame Press, 1969, pp. 104 – 106.

③ See Chaim Perelman and L. Olbrechts-Tyteca, *The New Rhetoric: A Treatise on Argumentation*, University of Notre Dame Press, 1969, p. 67.

④ 廖义铭：《佩雷尔曼之新修辞学》，唐山出版社 1997 年版，第 297 页。

只是那些有理由加以怀疑的东西。这不仅意味着在相当程度上减轻论证的负担，而且它也使论证活动在根本上能够得以进行。假如不能以此为前提，就根本不可能开始进行论证（论辩）。”① 这里我们就可以从侧面论证为什么当一个社会法律权威不足的时候，将风俗习惯写进法律是一种稳妥又明智的做法了。从习惯上升为立法，立法者就减少了自己的论证负担，因为一种行为方式一旦成为习惯，就意味着其已经具有了社会惯性，具有了一定程度上的正当性，更容易为社会公众所接受。

在立法领域，另一个受到特别关注的群体是精英听众。无论立法者采取什么样的修辞策略，他都没有办法真正完全说服普泛听众。在这样一个价值观越来越多元的社会中，任何一个东西想要获得普泛听众的接受是极其困难的。这时我们仿佛又回到了原点。既然普泛听众的接受是无法实现的，那么立法者还是需要把目光投向一些特定的听众。此时，精英听众就成为一个重要的群体。

事实上，对于立法者所发布的法律，普通民众可能根本无法真正理解其具体内容。而一部法律能否为大众所接受，很大程度上，依赖于大众对一些精英群体意见的跟随。这不仅是因为普通民众与立法者之间不具有充足的共识以作为交流的基础，还在于要理解各个法律文本需要付出高昂的信息成本，毕竟，一个经过法科四年学习的学生都无法掌握所有法律。因此对普通公众来说，比较经济也是比较明智的做法就是跟从精英听众的意见。同样，在大部分的情况中，我们无法对所有的听众提出理由，而只能关注作为关键个人或关键群体的精英听众，他们在特定的环境中，具有决策的能力。然而较为困难的是通常此关键人较不会轻易地表达其好恶或支持与否。②

正因为精英听众不会轻易发表意见，而且由于其对自身掌握信息的自信，他也不会轻易被说服。如此，我们就可以看到这样一些现象：大量的立法论证所针对的对象是精英听众，这些听众包括法律专家、政府官员，甚至人民

① ［德］罗伯特·阿列克西：《法律论证理论》，舒国滢译，中国法制出版社2002年版，第216页。
② 廖义铭：《佩雷尔曼之新修辞学》，唐山出版社1997年版，第59页。

代表大会代表。在立法过程中，我们会关注一些立法专家的论战，并自觉或不自觉加入其中一方的阵营。通常人们会认为，一部法律，如果在人民代表大会表决时以高票通过，法律学者们都认为这是一部好的法律，那么，公众也会跟着接受。因为公众在很多时候是没有办法作出独立判断，也没有独立发言权的。一个法律草案最终能否通过，很大程度上依赖于相关专家即精英听众的意见。这样，大量的立法工作是由精英听众或针对精英听众来进行的。例如，立法领域充满了法律术语，其中有些是晦涩难懂的，这些术语的使用，造成了一种专业壁垒，在精英听众和普泛听众之间形成了特定的距离，而这种距离是精英听众所期待的①。这一方面增加了立法过程与普泛听众之间的距离，从而使得立法过程具有了神秘感，另一方面也巩固了精英听众之间共识的强度，提升了精英听众在立法过程中的地位和权威。一旦这种权威被接受，那么追随权威就成为自然而然的事情。一个简单的例子，在物权法制定过程中，草案中出现的“建筑物区分所有权”概念因其晦涩难懂而备受争议。物权法起草专家之一的陈华彬研究员曾撰文辩解，其重要理由就是这个概念已经被民法学研究者以及立法者（至少是起草者）所接受。② 我们看到，虽然这个概念可能连不熟悉民法的法学专家都不一定能理解，其还是被保留到了最终的法律文本中，这也表明，精英听众的确发挥了关键的作用。

根据新修辞学的理论，听众通常有两项特点：一是听众的多元性；二是听众与环境的密切关系。③ 因此在我们关注了听众的多元性之后，还要考虑听众与环境之间的关系。也就是说，立法者要根据语境的不同随时修正修辞策略，以满足听众的需要。与其他修辞所不同的是，立法者与听众之间的互动是非常有限的。立法文本的写作过程中，立法者无法获得听众的直接回应，

---

① See Chaim Perelman and L. Olbrechts-Tyteca, *The New Rhetoric: A Treatise on Argumentation*, University of Notre Dame Press, 1969, p. 34.

② 陈华彬：《业主的建筑物区分所有权——评〈物权法草案〉第六章》，载《中外法学》2006年第1期，第65页。此后陈华彬又对这一问题进行了更深入的阐述，参见陈华彬：《建筑物区分所有权：学者草案的立场与〈物权法〉的规定》，载《甘肃政法学院学报》2011年第2期。

③ 廖义铭：《佩雷尔曼之新修辞学》，唐山出版社1997年版，第51页。

从而也就无法根据听众的反馈选择后续的修辞策略。然而，这并不意味着立法的论述是纯粹单向的，立法者总是在想象中设定各种可能的问题，并在论述中一步步回答这些问题，从而在法律文本这样一种静态的中介中完成与听众的互动。在这一过程中，修辞策略和技术就成为立法者从对听众的选择到实现听众接受之间的关键因素。

三、共识：立法修辞的指向内容

法律作为社会共识的载体，其发挥作用的机制是将共识转化为法律规范而对社会关系进行调整。在价值多元且急剧变动的社会中，法律作为对共识的体现，也必须是动态的，即根据社会关系的变化，将社会成员的共识通过修正法律自身转移到法律系统之中，以从社会中获取合法性。其实，社会成员对遵守规范的体验也需要法律不断更新，当法律与大多数社会成员的期待一致时，遵守规范的意识和经验才会被强化。而如果很多人的合理愿望落空，往往就意味着现行的法律正在不断地被违反，它实质上已经无法对社会成员的行为起到指引和规制作用，反而会强化社会成员的无序感。在这个意义上说，“立法的功能并不在于创制和生产法律，而在于将规范选择为约束性的法律并赋予其象征性的尊严。法律形成的过程与整个社会相融”①。换句话说，立法的权威不仅来自立法程序，比立法行为本身更重要的是决定立法事项的来源，即民主。法律正是因为体现了社会成员的共识才具有合法性的。在社会转型时期，我们尤其要强调立法过程应容纳和吸收参与者的意见。所有法律效力范围内的人在原则上都有机会直接或间接参与实际的讨论。“感知到的公平性的最重要来源就是发言权，即在决策过程中拥有话语权。”②“为了达成法治的目标，需要通过科学民主的立法程序，充分发扬民主，允

① ［德］尼克拉斯·卢曼：《法社会学》，宾凯、赵春燕译，上海人民出版社2013年版，第262页。

② ［美］狄恩·普鲁特、金盛熙：《社会冲突——升级、僵局及解决》，王凡妹译，人民邮电出版社2013年版，第168页。

许各个利益阶层、利益群体和利害关系人参与到立法中来，有效表达他们对于改革的意见主张和利益诉求，同时倾听他人的利益诉求和不同意见观点，鼓励各种社会力量和社会主体通过立法程序充分博弈，理性协商，相互妥协，达成共识，写进法律条文中。应当通过法定程序和法治方式，把对改革的各种意见诉求纳入法治轨道进行讨论协商，鼓励并保障改革涉及的各种主体能够依法获取相关资讯、了解相关意见、表达相关诉求、参与立法博弈、维护合法权益、凝聚改革共识。”①

不断学习是一个健康的法律体系应有的功能，现存的社会问题以及人们对改良社会的强烈需求正是对法律改进自身的一种激励。法律必须对社会有所回应，但这种回应不是随波逐流，亦步亦趋。法律不能被过度社会化，以至于模糊了法律和社会的边界。虽然法律的合法性从最终来源上讲应该是来自于社会及其所共同认可的价值观，但是，这并不意味着这些社会因素可以当然地直接对法律体系发挥作用。法律不断调整自身以适应社会需求。只有法律自身——而非其他机制——才能够作为一种筛选机制，决定外界因素是否应进入法律领域，即修正法律的决策是由法律自身来作出的。这样一来，法律的稳定性权威便不再成为固守现有状态的理由。在法律的变动过程中，法律规范内容的稳定不再是一个前提，人们期待法律的不断修正本身成为一种经过精心设计的稳定的常规制度。

面对社会环境，法律具有学习和自我更新的能力，而且这一更新的过程也仍然保持自治性质，因为法律总是“以一个正当的并且是技术上可控的方式在运动”②。时至今日，我们才能够有这样的认识：“法律之所以有效是源于其自身的发展，即由于其自身选择性的发展。”③ 良法的存在总是具有未来的面向。就法律与其他社会规范之间的竞争关系而言，法律越是具有更强的

---

① 李林：《怎样以法治凝聚改革共识》，载《北京日报》2013 年 3 月 11 日，第 17 版。

② ［德］尼克拉斯·卢曼：《法社会学》，宾凯、赵春燕译，上海人民出版社 2013 年版，第 265 页。

③ ［德］尼克拉斯·卢曼：《法社会学》，宾凯、赵春燕译，上海人民出版社 2013 年版，第 411 页。

自我发展及回应社会的能力，就越不容易受到外界因素的干扰，从而其他社会规范对其的冲击也就越少，法律自身的自治性也就越强，整体也就越稳定，最终导致社会法治化程度越高。而一旦法律无法回应社会，则政治、大众道德等各种外界因素也就更急迫地想要深入法律领域发挥作用，甚至取而代之。

通常来说，与剧烈变动的社会相比，法律规范更适用于正常稳定的处境。法律规范效力的重要因素来自对未来处境的预先假设，如果这种假设无法得以实现，则其效力就无从谈起。“社会最重要的功能是规范化。……失范之令人无法忍受，以至于人们宁可去死。”① 虽然社会中存在各类行为规范，但史实已经证明，现代社会的这种规范性功能只能由法律来实现。尤其是在社会关系急剧变动的时期，“与一个比较稳定的时代相比，任何抛弃或者破坏法治的倾向在这个关键时期将产生更加严重的后果”②。在社会转型过程中，法律体系自身的自治性受到挑战，一些社会矛盾的涌现，围绕纠纷所产生的诸多争议，其本质上正是包括政治、道德、习俗等各方面的规范与法律规范之间形成竞争的过程。竞争并不总是恶性的，这些规范所产生的冲突给社会的转型提供了变化的契机，但是，这种转型要防止发生失控、失序的情况，就必须保持基本的规范性质。可以说，人类所有的集体活动都依赖于特定的规范。

从社会实际生活出发，异质性越高的社会，社会关系越是复杂，人们也就有越多可能的生活模式，从而对未来的期望也就越多。但是，正是由于社会提供的选择如此之多，人们作出选择本身却越来越具有强迫性。面对生活环境中丰富的可能性，社会成员以个体的力量难以控制其中的复杂性和偶然性，从而对未来期待的失望也就不可避免。而现代社会中人们的生活是一环扣一环的，牵一发而动全身，一次的选择失望会带来连锁的负面影响，这种

---

① ［德］尤尔根·哈贝马斯：《合法化危机》，刘北成、曹卫东译，上海人民出版社2009年版，第129—130页。

② ［澳］G. 德·Q. 沃克：《法治的危机——危险与机遇》，李小武、吴伟光译，高鸿钧校，载《清华法治论衡》，清华大学出版社2000年版，第512页。

后果如发生叠加效果，就会造成对社会秩序的严重冲击。越是复杂的社会，人们承担失望所带来的后果的代价就越为严重，即人们越来越难以承受失望。也就是说，越是复杂的社会，人们的生活就其本身对未来的预期而言，就越是冒险，人们对未来稳定预期的期待也就更加强烈。

就每个社会成员个体而言，他人也有行动的自由。在当前这样一个异质性如此之高的社会，一个人对他人人品、个性、职业、能力的了解是极为有限的，甚至是完全陌生的。因此，期望领域的风险和复杂性都在以几何级数增长。他人行动以及他人的行为期待中充满了各种可能，人们必须且只能在各种可能性之中进行选择。为了保障自己的权益，很多时候，我们不仅要预期他人的行为，还要预期他人的预期。“随着期望更具复杂性和交互性，偶在性和出错的风险增大，简化、减负就变得至关重要了。”① 法治本身就是一种以相对简单规范应对复杂社会的生活和国家运作模式，它以一种相对稳定的方式有效规范了社会成员的行为，从而在社会成员之间建立信任机制。只有在已经制定并切实遵守法律规范的社会中，人们对自我行为的评价，以及对他人行为的预期才可能是趋于稳定的。对每个普通人来说，想要对未来获得稳定的预期，最佳的选择就是依据现有规范，即遵守法律。

当然，即便我们自己遵守法律，仍然不能避免他人违反法律的可能，如此仍然会有失望存在。人们如果遭遇失望，不仅会出现财产等方面的损失，更为重要的是，这会强化失望的意识，可能会导致他调节自身的期望机制，这又降低了他人对其作出预期的可能性，从而从整体上侵蚀已经存在的共识。因此，要保证预期的稳定性，在遭遇失望时仍能维持或者修复稳定的预期，必须有对失望的调节机制。其中重要的环节便是对造成失望不良后果的责任追究制度以及相应的权利救济制度。简单来说，当他人违反规范时，我们虽会有所失望，但不必调整自己对规范的理解，更无须质疑共识本身是否真的存在，因为法律已经设定了评价机制，“不是把违反规则看成是（某人自己

---

① ［德］尼克拉斯·卢曼：《法社会学》，宾凯、赵春燕译，上海人民出版社2013年版，第76页。

的）期望出错，而是看成（他人的）行为出错。”① 当社会成员以旁观者的身份审视时，也有相同的立场，这其实就是维护了一种破坏共识的责任归责机制。同时，社会中必须存在对失望后果的处理机制，即我们必须疏导和减少失望对个人所带来的无论是精神上的还是其他方面的负面影响，这一功能是由法律救济体系来完成的。即是由造成他人失望的人，而不是失望者自己，对失望所带来的负面后果承担责任。如此，法律规范就把社会成员个人从对未来社会复杂性和偶然性的风险负担之中解脱了出来。

首先，规范性共识内容的来源是外在于法律体系的，但共识的形成过程是受到规范约束的。在当前社会，人们对改革的重要动因来自对改善自身生活状态的期待，而中国的改革与法治建设来自政府的推动力也极为强大，改革和法治本身都具有突出的政治意义，二者对规范表现出特别的需求。人们对改革的功利偏好和期待会促进法律对社会需求的适应，在诸多社会规范中，“人们可能承认并且倾向于促进功利行为的社会规范”②。而且，社会成员的各类共识，最终能转化为法律规范的只是其中一部分。这类规范具有统一的外在特征，即他们都以强化社会整合而非个人自律作为目标，具有突出的涉他特征。因为对处于改革状态的社会来说，对未来的稳定预期更为重要，这就意味着规范必须着眼于调整社会成员，尤其是不同社会群体之间的关系。有研究表明，“群体间的冲突要比个体间的冲突更容易升级。只要存在内群体和外群体，外群体就会成为负面知觉和歧视的对象，而且对稀缺资源的争斗更为激烈。”③ 在转型社会，对涉他行为进行规范是尤为重要的。当然，即便是在稳定时期，涉他行为仍然是法律规范调整的主要范畴。这种涉他行为的规范，其实也是在激励人们为他人的福利作出自己的贡献，因为这不仅不

---

① ［德］尼克拉斯·卢曼：《法社会学》，宾凯、赵春燕译，上海人民出版社 2013 年版，第 78 页。

② ［美］琳·A. 史道特：《社会规范与涉他偏好》，杨晓楠、涂永前译，载［美］约翰·N. 卓贝克：《规范与法律》，北京大学出版社 2012 年版，第 34 页。

③ ［美］狄恩·普鲁特、金盛熙：《社会冲突——升级、僵局及解决》，王凡妹译，人民邮电出版社 2013 年版，第 161 页。

会带来太大负担，从根本上来说也符合自己的利益期待。从这一意义上说，共识其实表达的是社会成员的主体间关系。哈贝马斯说："秩序所具有的社会有效性以及平均可期待的事实性遵守，是由共识来保障的。"① 共识的形成无疑是一个动态的过程。复杂的社会已经没有足够时间让我们进行充分的交流以达成共识，我们的共识是历时性的。法律将过去和今天以及有限未来人们的共识整合在一起，以使我们和不同时空的人们具有了相同的共识体验。作为这一动态过程的参与者，无论我们是否乐意，"由于其他参与者也会对此形成相应的期望，这些共识性的内容就具有了约束性。"② 为了达成真实有效的共识，每一个社会成员虽以不同的立场出发，但皆应以真诚的态度严格遵循被普遍认可的沟通规则。正是现有的规范为我们提供了共识达成的可能途径，从这一意义上讲，共识的形成本身就是规范性的。

其次，规范性共识通过民主的立法程序得以进入法律体系。民主与法治之间存在一种内在的关联，"民主程序承担了提供合法性的全部负担"③。在一个成熟的法律体系中，立法是实现法律自身的修正的主要途径和方式。社会通过立法，不断完善法律规范体系，不仅约束成员的行为，也将政治、经济等各界社会生活都纳入"一个完整的、使合乎实际的归属得以可能的合法性体系之中"④，从而在日益分化的社会中仍能维持必要程度的整合和秩序。在这一意义上，立法成为所有权利的最终守护者以及社会秩序的最终保障者。然而，对于各类社会规范而言，立法更像一个筛选机制，社会规范结构的高度多样性和相互冲突性，其实也是为立法程序对这些规范进行筛选，以决定

① ［德］哈贝马斯：《在事实与规范之间——关于法律和民主法治国的商谈理论》，童世骏译，生活·读书·新知三联书店2003年版，第84页。

② ［德］尼克拉斯·卢曼：《法社会学》，宾凯、赵春燕译，上海人民出版社2013年版，第104页。

③ ［德］哈贝马斯：《在事实与规范之间——关于法律和民主法治国的商谈理论》，童世骏译，生活·读书·新知三联书店2003年版，第686页。

④ ［德］卡尔·施密特：《合法性与正当性》，刘小枫编，冯克利等译，上海人民出版社2015年版，第97页。

何者才能够进入法律体系提供了渊源。卢曼说，这是“对规范生成的规范化”①，其实质就是一个立法规范化的过程。从规范层面来说，立法本质上就是要把复杂的社会事实分成很多类，同种类的事实会导致同样的法律后果。那么，哪些事实需要归为一类，哪些事实需要分开，这一过程其实也就是构筑认同和区分的过程。这一过程中，法律不仅是将社会事实进行了分类，更重要的是通过这种规范规制每一个社会成员，强化社会成员的规范意识。法治的实施过程不得不损害某些人的利益，这种牺牲本身就具有规范性质。“只有当规范确定的合法满足需求的机会分配建立在参与者实际达成的共识基础上，追求制度化的价值的行为取向才是没有争议的。”② 从这一意义上说，立法应“由民作主”，而不是“为民作主”。③ 立法的过程应充分保障人们意志的自由表达，不仅应吸收强有力的精英人群的意见，更应强调普通人的参与。“所有利害相关的人们，借助人们语言交流的有效性和达成特定规范共识的可能性，通过平等、自由的理性协商与话语论证，通过意志协调达成规则共识，从而形成作为法律的规则。”④ 对改革实践而言，民众的作用不是见证历史，“他们本身就是历史”。立法者听取了人们的声音，并考虑了他们的观点，对各种利益作出了合法、公正的分配，人们就会更易于接受并服从作为立法产品的规范。

最后，共识的规范性意味着它不仅是达成共识的一种状态，更意味着这种共识真正内化为人们的行为规范，成为人们遵守法律的理由。我们对共识的评价不能以形成共识的后果作为首要甚至唯一的标准，在社会关系迅速变动的改革时期尤其不能单纯以后果论来看待共识问题。规范性的共识不是一种临时协定，它不是建立在社会成员自我利益或者少数群体利益的基础之上，

---

① ［德］尼克拉斯·卢曼：《法社会学》，宾凯、赵春燕译，上海人民出版社 2013 年版，第 268 页。

② ［德］尤尔根·哈贝马斯：《合法化危机》，刘北成、曹卫东译，上海人民出版社 2009 年版，第 124 页。

③ 李林：《怎样以法治凝聚改革共识》，载《北京日报》2013 年 3 月 11 日，第 17 版。

④ 高鸿钧：《法范式与合法性：哈贝马斯法现代性理论评析》，载高鸿钧、马剑银编：《社会理论之法：解读与评析》，清华大学出版社 2006 年版，第 328 页。

更不是社会各利益群体一时斗争妥协的结果。改革时期更应关注社会共识的政治及道德底线，例如体现在宪法中的诸多制度和原则，这构成了我们共识的规范性前提。如果我们为了暂时的共识而付出有损规范稳定权威的代价，例如为了私人利益团体的目的而突破法律规定，这本身就是违反共识的规范性质的。与此同时，社会成员对共识的理解不仅限于在认知层面了解既有的法律规范，更意味着将这些规范内化为自己的行为取向。当人们遭遇失望时，仍然能够坚守规范的法治意识，而非调整自己的行为和期待以适应违反规范的社会现实。由此，当人们不仅自己遵守而且认为或期待他人也会遵守这些法律规范时，规范就具有了一定的稳定性。反过来说，只有作为共识承载者的规范不是仅依赖于国家强力的推行，而是切实反映了人们的利益取向，尤其是社会成员普遍认可的合理愿望时，这种规范才更容易被内化接受。此时共识也才能真正实现从知识到行动的转化。

四、方法：立法修辞的技术核心

如前所述，选择适当的听众并不意味着已经获得听众的认可，要说服听众，立法者必须结合语境采取适当的修辞策略和方法。从某种角度来说，立法本质上就是要把复杂的社会事实分成很多类，同种类的事实会导致同样的法律后果。那么，哪些事实需要归为一类，哪些事实需要分开，则需根据修辞目的来选择。这一过程其实也就是构筑认同和区分的过程，这是修辞最基本的作用方式。现实社会中并不存在完全相同的事实，对于两件事情，如果我们说它们在本质上是一样的，则往往暗示它们有所不同。对这两种事实究竟描述为“结合”还是“分离”，就需要按照具体修辞的情境来决定。

佩雷尔曼将修辞的方法主要分为两类，即结合类与分离类。所谓结合类，乃是将原本分开的元素予以组合，并使吾人得以建立其间的一个结合体，而其目的在于将其组织或予以评价，无论是肯定或是否定。而所谓分离类，则是将某种体系或思想中原本结合的元素予以分离或区分的技法，此方法对于原体系的修正方法乃是将某些构成该体系的基本要素之概念予以修正。① 举例来说，刑法修正案（八）草案中，第 3 条的内容是将《刑法》第 49 条修改为："犯罪的时候不满十八周岁的人和审判的时候怀孕的妇女、已满七十五周岁的人，不适用死刑。"这其实是将"审判时年满七十五周岁的人"与刑法已经规定了不能执行死刑的"未成年人犯罪"和"审判时怀孕的妇女"归为了一类，从而使得"审判时年满七十五周岁的人"也不能适用死刑。但是，最终的正式文本并没有采取这种归类方式，它将"审判时年满七十五周岁的人"作了单独的规定，即在《刑法》第 49 条中增加一款作为第 2 款："审判的时候已满七十五周岁的人，不适用死刑，但以特别残忍手段致人死亡的除外。"从修辞方法上来说，这是将犯罪的时候年满 75 周岁与其他两种情形区别开来了，尤其是"以特别残忍手段致人死亡的除外"的特别规定更强化了这种区分。其实，刑法无论是否规定审判时怀孕的妇女和审判时年满 75 周岁的人免于死刑，都不改变这两种社会事实的存在，而且很明显地，这两种情形之间存在很大的差异。但是，通过结合的方法将这两种情形归为一类，即都不应适用死刑，它们就具有了超越于表象的共同的东西。而立法最终将其分离，则表明立法者认为两种事实之间的共性尚不足以促使立法将其归为一类。在此我们就更清晰地体会到，修辞本身不是单纯的技术性问题，它更涉及立法的内容。正如一位学者所说，"我们将忽略了其真正的困难所在，那就是以何种标准，来决定什么是'根本上类似的'，以分配人的等级"②。与是否应该规定老年人免于死刑这个问题相比，更重要的应该是我们根据何种标准确定老年人是否应免于死刑。是否应该规定老年人免于死刑，以及应根据何种标准确定老年人是否免于死刑，这本质上是一个社会伦理的问题。在此，修辞的方法已经超越了单纯的技术问题，修辞方法的背后，是

---

① See Chaim Perelman and L. Olbrechts-Tyteca, *The New Rhetoric: A Treatise on Argumentation*, Notre Dame University Press, 1969, p. 190. 另可参见廖义铭：《佩雷尔曼之新修辞学》，唐山出版社 1997 年版，第 98 页。

② Julius Stone, *Human Law and Human Justice*, op. cit., p. 326. 转引自廖义铭：《佩雷尔曼之新修辞学》，唐山出版社 1997 年版，第 235 页。

立法的政治以及伦理正当性问题。

又如，在《政府信息公开条例》（修订草案征求意见稿）第 14 条分四款分别规定了可不予公开的信息：“（一）公开后可能对国防、外交、国家安全、领土完整、民族团结等国家利益产生不利影响的信息；（二）公开后可能影响重大经济金融政策的有效实施、信息安全或者造成经济金融市场异常波动的信息；（三）经地方同级人民政府确认，公开后可能在一定范围内危害公共安全、社会稳定的信息，或者涉及民族、宗教、侨胞等事项公开后可能造成不利影响的信息。（四）依法确定为国家秘密的信息和其他法律、法规禁止公开的信息不得公开。”实践中可能造成不利影响的信息难以穷尽列举，因此在这里分类并不是一种好的立法技术，因此修订后的《政府信息公开条例》第 14 条则简化为：依法确定为国家秘密的政府信息，法律、行政法规禁止公开的政府信息，以及公开后可能危及国家安全、公共安全、经济安全、社会稳定的政府信息，不予公开。这样，就以更具包容性的表述对这一问题进行了规定，也给了具体执法以及司法更为宽阔的解释空间，保持了规范条文必要的弹性。类似的情况还出现在《政府信息公开条例》（修订草案征求意见稿）第 16 条中。此条文是对涉及商业秘密与个人隐私政府信息公开的规定，征求意见稿规定：行政机关不得公开涉及商业秘密的政府信息，不得公开涉及他人身份、通讯、健康、婚姻、家庭、财产状况等个人隐私的政府信息。但是，经权利人同意公开或者行政机关认为不公开可能对公共利益造成重大影响的，可以予以公开。修订后的《政府信息公开条例》第 15 条规定：涉及商业秘密、个人隐私等公开会对第三方合法权益造成损害的政府信息，行政机关不得公开。但是，第三方同意公开或者行政机关认为不公开会对公共利益造成重大影响的，予以公开。在上述前后两个条文中，对于哪些政府信息可能属于当事人隐私，以列举式规定改变为概括式规定，其涵摄范围更广，对当前社会信息的复杂性更为包容，是更为恰当的立法修辞方法。

当立法者已经确定将某些社会事实进行结合还是分离，他所要做的，就是将这种观点传递给听众。那么，何种表述方式最有利于听众接受自己的观点，按照廖义铭的说法，“当说服他人时，最好不要一次将全部的论点灌输到听者身上，而必须将其分成几个阶段。因为如此在实践上，方不至于导致过大的反弹。”① 此时，立法即便是将一些事实归于一大类，在这一大类中根据程度不同而又有所区分的时候，往往需要采取递进的方式。例如，《刑法》第127条第1款规定“盗窃、抢夺枪支、弹药、爆炸物的，处三年以上十年以下有期徒刑；情节严重的，处十年以上有期徒刑、无期徒刑或者死刑。”本条第2款规定：“抢劫枪支、弹药、爆炸物或者盗窃、抢夺国家机关、军警人员、民兵的枪支、弹药、爆炸物的，处十年以上有期徒刑、无期徒刑或者死刑。”可以看出，它是采用了递进式的修辞方式，通常来说，这有利于听众比较顺畅自然地接受该命题。而刑法在关于故意杀人罪的规定时，则没有按照从轻到重的方式，而是选择了从重到轻。《刑法》第232条规定，“故意杀人的，处死刑、无期徒刑或者十年以上有期徒刑；情节较轻的，处三年以上十年以下有期徒刑。”这种表述方式一方面增加了刑法的震慑力，另一方面也与人们杀人偿命的传统观念相吻合，从而相比递进式的表达方式能取得更好的修辞效果。

我们再以《侵权责任法》第17条的规定为例。《侵权责任法》（草案）第17条规定：“因交通事故、矿山事故等侵权行为造成死亡人数较多的，可以不考虑年龄、收入状况等因素，以同一数额确定死亡赔偿金。”正式法律文本中这一条修改为“因同一侵权行为造成多人死亡的，可以以相同数额确定死亡赔偿金”。首先，从直观的感受来看，正式文本的表述方式显然比草案中更为简洁。其次，正式文本没有提到死亡赔偿金赔偿的各种影响因素，从而排除了草案中列举方式所可能存在的不周延性。最后，在实际问题的处理过程中，还有一个非常重要的因素往往影响死亡赔偿金，那就是户籍，而正式法律文本则回避了这个敏感的问题，将一个复杂的社会、政治问题转化为单纯的法律问题。其实，草案与正式文本之间并没有本质的区别，但是对

---

① 廖义铭：《佩雷尔曼之新修辞学》，唐山出版社1997年版，第125页。

听众而言，两种表述方式则是存在很大差异的，它以回避敏感问题、整齐划一的表述，增强了其可接受性。

修辞的前提是语言的交际行为，这一过程充满了思想和情感的互动。立法修辞的方法也要体现其对听众和语境的适应。在这一意义上说，立法修辞方法的运用也必然是一个动态的过程。虽然立法者无法像法庭辩论那样随时根据对话过程而不断调整修辞手段、变化修辞方式，也无法像法官那样对当事人、律师或其他法官可能提到的问题都在判决书里有条理地解答回应，但是立法者仍需要事先考虑预期受众的可能反应并作出应对。这种应对无论是明显的还是不易觉察的，都是成功的立法修辞技术所应包括的内容。

举例来说，在《侵权责任法》（草案）中，第57条第1款规定："医务人员在诊疗活动中应当尽到与当时的医疗水平相应的注意义务。医务人员未尽到该项义务，造成患者损害的，医疗机构应当承担赔偿责任。"第2款规定："判断医务人员注意义务时，应当适当考虑地区、医疗机构资质、医务人员资质等因素。"在审议过程中，一些委员认为，这两款规定"好像是说水平低犯了错误就不承担责任"，而且在现实的医疗纠纷案件裁判实践中，不时有法院和法官因受法律外因素影响，作出偏袒医疗机构的判决。第2款的规定，不仅不利于此种偏袒倾向的纠正，而且还可能起反作用，为医疗机构逃脱法律责任提供借口。[①] 建议删去第2款。这其实是审议的人民代表大会常委会委员将自己放在听众的位置上，在当前社会的现实环境下，设想听众可能存在的意见，由此而进行适当的调整。最终这一建议被采纳，该条款修改为"医务人员在诊疗活动中未尽到与当时的医疗水平相应的诊疗义务，造成患者损害的，医疗机构应当承担赔偿责任"。此外，修订后的国家赔偿法中关于"看守所"的相关规定，其实就是对近几年在我国出现的多例看守所内非正常死亡事件的回应。但是，在此我们需要注意的是，立法过程对听众的回应应该是有限度的。有时立法者过于迁就听众，尤其是激情有余而理

① 梁慧星：《论〈侵权责任法〉中的医疗损害责任》，载《法商研究》2010年第6期，第38页。

性不足的网络媒体时，就可能会造成权威不足。用佩雷尔曼的话说，对某些技巧的放弃或使用不迎合听众的论点，也可能会有反效果。有时候不是完全迎合听众的论点，才是最好的论点。[①]“信息压力型立法”[②]不仅是立法者信息能力不足的体现，也会影响立法权威。

总之，立法过程的修辞目的在于使听众接受立法者所建构的法律规范，进而自觉地遵守这一规范。法律规范的建构过程，并不仅仅是一个宣示权威的过程，而更应是一个基于权威进而追求说服效果的过程。法律规范背后的国家强制力无须质疑，但即便对违法者发出暴力的威胁也应始终保持合理的外表。[③]这不是一种虚伪的表示，而是一种更为民主化的体现。从这一意义上说，法律规范建构的过程，也是一个修辞的过程。“修辞学是一切理性行为的本质方面。”[④]通过修辞，提升立法质量，继而使人们在更大范围内接受法律的规制，这是立法修辞重要的价值所在；对立法权来说，提升立法质量的修辞学进路也符合它作为一种民主权力的性质和要求。

---

① See Chaim Perelman and L. Olbrechts-Tyteca, *The New Rhetoric*: *A Treatise on Argumentation*, University of Notre Dame Press, 1969, p. 451.

② 吴元元：《信息能力与压力型立法》，载《中国社会科学》2010年第1期，第147页。

③ 刘亚猛：《追求象征的力量》，生活·读书·新知三联书店2004年版，第117页。

④ ［德］汉斯-格奥尔格·伽达默尔：《真理与方法》（下卷），洪汉鼎译，上海译文出版社1999年版，第755页。

第三章　法律修辞的民主面向

"若要在二十世纪里发生的诸多进步当中选择一项最重要的，那么，我会毫无困难地指出，那就是民主的兴盛。"①

——阿玛蒂亚·森

一、作为法律修辞基础的法治思维的民主价值取向

作为两种被世人广泛认可的价值，"法治是文明社会的一种显著美德"②，民主也被认为是"人类迄今最好的政治制度"③。法治与民主的关系一直是一个颇为复杂的问题，在人类的思想史上，关于法治与民主的冲突论、协调论、统一论、无关论都曾以不同的形态出现过。

作为一种文明的进程，法治概念的意义一直处于不断的发展之中。虽然法治的意义如此丰富以至于难以对其进行严格界定，但人们已经就法治的基本内容达成了共识：法治是作为与人治和专制对立的社会治理方式而存在的；法治是规则和程序治理的事业；法治的核心意义是要限制政府权力；法治的目标是通过维护社会公平正义而保护人民权利。法治作为一种思维方式，与法律思维都是一种规范性思维。但法律思维主要是作为一种职业思维而存在

---

① ［美］阿玛蒂亚·森：《一种并非奢侈的价值观》，程晓农译，载《书屋》2001年第1期，第4页。

② ［英］尼尔·麦考密克：《修辞与法治》，程朝阳、孙光宁译，北京大学出版社2014年版，第16页。

③ 闫健编：《民主是个好东西——俞可平访谈录》，社会科学文献出版社2006年版，前言第2页。

的，其主体是法律职业人；而法治思维的主体则主要是掌握权力的执政者以及执法人员。哈耶克说道："撇开所有的细节不论，法治的意思就是指政府在一切行动中都受到事前规定并宣布的规则约束。"① 党的十八大报告中指出，"提高领导干部运用法治思维和法治方式深化改革、推动发展、化解矛盾、维护稳定能力"。正是在这一意义上，袁曙宏教授认为："所谓法治思维，在本质上区别于人治思维和权力思维，其实质是各级领导干部想问题、作决策、办事情，必须时刻牢记人民授权和职权法定，必须严格遵循法律规则和法律程序，必须切实保护人民和尊重保护人权，必须始终坚持法律面前人人平等，必须自觉接受法律的监督和承担法律责任。"② 姜明安教授也认为，法治思维，是指执政者在法治理念的基础上，运用法律规范、法律原则、法律精神和法律逻辑对所遇到或所要处理的问题进行分析、综合、判断、推理和形成结论、决定的思想认识活动与过程。在这种过程中，执政者为认识和解决所遇到或所要处理的问题，首先要确定法律依据（包括法律规范、原则、精神），然后通过判断、推理，形成认识和解决相应问题的结论、决定。法治思维就是依这样的逻辑思考和认识乃至解决问题的过程。③ 可见，法治思维的精髓在于执政者在行使国家公权的过程中严格遵守法律，通过法治方式实现社会和国家的有效治理，从而从根本上推进人民权利的实现和发展。

与法治理论相比，民主理论则更为复杂。来自古典民主理论、技术民主理论、精英民主理论以及多元民主理论等的思想家们都分别从不同角度对民主进行了诠释。简单来说，民主理论的核心是国家权力归谁行使以及应如何行使的问题。较有代表性的代议制民主理论认为一切权力属于人民；国家的权力来自人民的授权，国家应遵照法律行事，尊重并保障人民的基本权利；人民不会自己对自己实行专制，并有能力参与并决策各种政治事务。当国家

---

① ［英］弗里德里希·奥古斯特·哈耶克：《通往奴役之路》，王明毅、冯兴元等译，中国社会科学出版社 1997 年版，第 73 页。

② 袁曙宏：《全面推进依法治国》，载《十八大报告辅导读本》，人民出版社 2012 年版，第 221 页。

③ 姜明安：《法治、法治思维与法律手段——辩证关系及运用规则》，载《人民论坛》2012 年第 14 期，第 7 页。

规模较大的时候，代议制成为实现民主的关键制度，民众通过选举实现以人民权利制约国家权力的目的。[①]

可见，法治与民主虽皆以保障人权为目标，但二者的理论起点和实现路径却是不同的。法治理论以人性恶为制度建设的出发点，尤其是对当权者保持高度的不信任，认为必须通过法律途径，尤其是立宪实现对政府行为的制约，防止国家公权对人民权利造成侵害。同时，法治理论又认为无规制的民主可能造成多数人的暴政，形成新的社会不平等，因此必须对民主本身进行规范。而民主主义者认为人性虽有恶的一面，但主要是善的，通过一定的选举程序使人们能够参与到政权之中，政权便具有了足够的合法性。民主理论的出发点是对人决定与自身相关事项能力和可行性的肯定，认为每个人都具有理性思考的能力，因此人民有能力通过民主程序直接或间接（主要是通过选举制度）参与国家政治生活，尤其是能够参与决定与自身利益密切相关事项的决策。通过这种方式，人民权利可以得到最大的保障。

民主与法治“这两个理论之间的基本区别不是对于人类的尊严和自治的重要性的争论，而是如何最好地表达和保护这两个基本价值的争论”[②]。现代文明国家在不同程度上实现了法治与民主二者的融合，即同时接受民主理论和法治理论，建立了法治民主。在国家制度层面，给予人民广泛参与政治生活的权利和自由，并通过立法程序将民意转化为法律，同时通过法律对政府权力及其行使进行规制，使人民生活获得稳定的预期。而所有有效的民主制度都是需要有这样可以建构稳定预期的社会环境作为运作基础。在法治民主的实践中，以民主作为法治的基础，以法治作为民主的支撑和保障，在法治建构的秩序中进一步发展民主。民主和法治通过这样的良性互动推进人民权利的进一步发展。可以说，以民主作为基础的法治已经抛弃了传统法治理论

---

① 包亚军：《宪政理论的变迁——从民主与宪政关系层面分析》，载《武汉大学学报》（人文科学版）2004 年第 1 期，第 121 页。

② ［美］沃尔特·墨菲：《普通法、大陆法与宪政民主》，信春鹰译，载刘军宁等编：《经济民主与经济自由》，生活·读书·新知三联书店 1997 年版，第 237 页。

中可能存在的官僚主义或精英主义倾向，从而避免了法律与人民之间的隔离。从这一意义上说，今天的法治本身就内含了民主的内容，作为一种思维方式，法治思维也是对这一理念的内化和贯彻。

时至今日，人们已达成共识，法律规范自身形式上的特征不足以提供其作为良法的充足理由，而必须关注法律规范内容的价值评价。这一认识实质上是我们对作为社会基本行为规范的法律自身正当性的反思和追问，其背后所反映的，正是社会成员对法律以及法治本身直接的认同危机。学者龚祥瑞认为，“从政治学的观点看，法律如欲成为法律，不能仅仅表示一个权威机关的意志，这个权威之所以令人尊重，仅仅因为它是根据自己所能运用的强制权力，反之，他们认为法律必须符合某种更为正当有效的东西”。[①] 法律规范要有充足的理由证明自己的正当性，它需要表明与更高权威或更高合法性之间存在某种关联。这种更高层面合法性的重要来源，便是社会成员的共识。理想情景下，一个国家的法律应具有两方面的意义：“一方面是因为它是根据现行的结社法律而实证地颁定的，另一方面是因为它已经被合理地同意了。”[②] 一个国家政权以及法律的实质合法性必须以民众的“同意”为根基。“同意就是自己做主”，“在普通的政治对话中，据同意而治指的就是民主政府。也就是说，这个表达是用来指向任何具有这样的法律安排的政治权威结构，即确保政府的构成与决策能够灵活应对其成年公民的意愿。”[③] 在当今异质性如此之高的社会，稳固的社会共识体系难以维系。只有通过民主程序，才可以发现或形成有效的共识，并将这种共识“体现”并“转移”到法律之中。只有当服从法律的人民本身就是法律的真正创制者的时候，法律才可能成为切实维护人民权利和社会公益的良好法律，从而成为社会成员普遍遵守的行为规范。“现代社会立法重要的理由在于，要想恰当地管理一个社会与

---

① 龚祥瑞：《比较宪法与行政法》，法律出版社 1985 年版，第 320 页。

② ［德］哈贝马斯：《在事实与规范之间——关于法律和民主法治国的商谈理论》，童世骏译，生活·读书·新知三联书店 2003 年版，第 88 页。

③ ［英］约瑟夫·拉兹：《公共领域中的伦理学》，葛四友主译，江苏人民出版社 2013 年版，第 420 页、第 427 页。

经济不断变化的多元主义社会，民主立法是不可或缺的……只有民主政治才能够充分地敏感于变化所产生的结果，只有民主政治才能充分回应不同层级文化的不同利益与视角。"① 民主是共识的有效来源，只有通过民主科学的立法程序，才能反映社会发展的普遍需求和最广大意义上民众的切身利益，使得制定法获得包括国家公权行使者在内的社会成员整体的高度认同和"合理地同意"。从一定意义上来说，民主不仅是用来决定什么是法律，更重要的是决定什么是好的法律。

江必新教授认为，与法律思维相比，法治思维本质的特征在于其实质合法性，实质合法性意指不仅在表面形式上要合法，而且在本质上要合法，要具有高度的正当性、高度的民主性、高度的合正义性。② 法治通过特定的程序，将来自民主的社会共识确定为具有约束力的法律规范，即实现民主的法律形态化，而且法治对于社会共识的发现与确认总是以一种动态的方式持续进行，与整个社会的发展状态相融。民主政治已经为法治之法提供了正当性来源，民主与法治成为一个不可分割的统一体。当民主已经解决了法律本身的合法性问题，体现民主的法制必须获得有效的遵守，首当其冲的是政府的守法义务。法治思维的基本内容是遵从宪法与法律至上，这是法治的核心观念，也是法治的首要原则。在法治社会，任何国家权力和社会权利都必须在法律之下，接受法律的规范调整，尤其是政府任何权力的获得和行使都必须有法律上的依据。从人类发展的历史来看，法律权威所受到的挑战，主要来自权力，因此是否要求并做到让政府守法，是衡量法治社会的一个重要试金石。作为法治社会的管理和服务者，国家公权力主体也需要将这一原则内化为自己的行为规范，并始终清醒地意识到，是人民而非政府决定了我们生活的法律世界。对政府而言，法治思维最直接的体现就是对守法主义的贯彻和

① [英] 约瑟夫·拉兹：《公共领域中的伦理学》，葛四友主译，江苏人民出版社2013年版，第436页。

② 江必新：《法治思维——社会转型时期治国理政的应然向度》，载《法学评论》2013年第5期，第4页。

坚守。

作为一种社会事实，守法行为本身包含了道德价值判断。政府对守法主义的坚守是法治社会掌握公权者最大的政治道德义务。因为，“在当代民主法治国家，法律是民主事实的制度化，法律是人民意志的体现，是国民根本利益的表征。故此，执行法律的过程就是践行广大国民意志的过程。”① 在践行民主这一意义上，政府的守法义务要重于普通公民的守法义务。正如姚建宗教授所说，“国家机关及其公务人员具有绝对守法的‘道德义务’‘政治义务’和‘法律义务’，而普通公民虽然具有遵守法律的绝对的一般道德义务，但却只具有遵守法律的相对的法律义务。”② “法治思维在现阶段主要是指限制、约束权力任意行使的思维。”③ 对政府行为来说，“法律是这样规定的”是其最重要的正当性依据。只有政府认真对待体现了民主意志的法律，才能赢得人民对它的尊重和支持。“执政者主动、自觉和善于运用法治思维和法律手段治国理政，会促进相应国家、地区的法治实践，反过来，一个国家、地区的法治实践又会给予相应国家、地区执政者更主动、自觉运用法治思维和法律手段的动力、促力。一个国家、地区一旦形成了这种良性互动，即可认为其已步入了法治运作和科学发展的正轨，进入了法治社会的常态。”④ 因此，政府作为公权力主体的守法具有更为深远的民主意义：政府以自己的守法行为告诉公众，政府不仅在严格实施体现了民主意志的立法成果，而且国家公权主体与普通民众是生活在相同的法律体系之中，没有人拥有超越法律与宪法的特权。政府和民众的行为接受统一法律的规范和制约，这对于在全社会深化守法意识，在平等基础上推进社会成员的普遍合作，将整个社会培养成为法治观念的共同体具有关键意义。

---

① 江必新：《法治思维——社会转型时期治国理政的应然向度》，载《法学评论》2013 年第 5 期，第 6 页。

② 姚建宗：《法治的生态环境》，山东人民出版社 2003 年版，第 257 页。

③ 陈金钊：《对“法治思维和法治方式”的诠释》，载《国家检察官学院学报》2013 年第 2 期，第 80 页。

④ 姜明安：《法治、法治思维与法律手段——辩证关系及运用规则》，载《人民论坛》2012 年第 14 期，第 6 页。

现代法治社会，立法作为直接反映民意的制度发挥了最大限度的民主功能，但是仅有这些是不够的。法治不仅是规则之治，也应是技术之治。现代社会，尤其是已经完成社会主义法律体系建构的当今中国，更需关注“微观法治”和“具体法治”。处于发展之中而具有高度异质性的社会对民主提出了更为强烈的需求，法治思维所承担的政治角色决定了其必须重视民主功能。为避免民主流于形式、浮于表面，必须在法律运行的细微环节之中将法治思维的民主价值具体化，这就需要借助于一系列法律方法。维护法治是所有法律方法的基本理论预设，其中，以法律修辞的民主价值取向最为突出。

二、法律修辞承载的民主价值功能

修辞学从产生之日起，便与民主制度存在密切关联。古希腊民主政制为修辞学的产生提供了丰厚的土壤和宽阔的舞台。亚里士多德认为，真理常常是深藏不露的，在许多情况下，人们所能得到的一切仅仅是概率上的近似，修辞的技巧正是帮助人们更便利地获取这种近似。①“古代的法律修辞学标明了理性应用法学的发端。对个案的讨论和论证是法学的初始内容。只是后来才产生了‘规则’的制定，各种原则和法律制度的创立，司法系统的建立（首先是由于论证的原因）。”② 随着古希腊民主政制的解体，古典修辞学失去了其存活的政治环境。进入现代社会，面对越来越多的价值冲突与偏好，人们越发感受到，在复杂的社会生活之中，对政治、伦理、法律等领域的一些问题总是会存在争议的，即便再严谨的科学方法可能也无法解决这些问题。要让他人接受自己的观点，必须诉诸理性的说服，此时，论证与说服就成为对话的核心内容。由此，学者们在对理性主义进行反思的基础上，重新发现

---

① ［美］理查德·A. 波斯纳：《超越法律》，苏力译，中国政法大学出版社 2001 年版，第 585 页。

② ［德］阿图尔·考夫曼、温弗里德·哈斯默尔：《当代法哲学和法律理论导论》，郑永流译，法律出版社 2002 年版，第 310 页。

了修辞学的重要意义。古典修辞学中关于论证的关注被重新提起，并获得了新的生命。修辞学转向，改变了科学社会活动本身的性质，即将之放在一个公共话语的背景下加以考察。[①] 修辞不仅仅是语言上的修饰技巧，其更重要的作用在于促进人们在思想上接受修辞者提出并争取相对方接受的论题。当今中国社会的法治进程尤其关注民主价值的实现，法律修辞在其中扮演了重要角色。

其一，法律修辞对法治话语的运用体现了民主价值。“法治思维的展开是思维主体依据其大脑中已有的法治精神、原则、理念和要求这些抽象性的思维成果，适用于社会中具体问题的分析，进而将具体问题予以适度抽象，形成决策的过程。”[②] 这一思维活动需要以语言作为载体。法治思维以法律以及法治价值体系作为基本素材和依据，它是通过法律修辞来讲法说理的思维方式，法律本身成为最重要的修辞。法律的概念、规范以及法治价值等应当成为修辞所运用的最主要素材。当前，我们已经拥有比较完备的法律体系，但其皆以抽象的法律规则或法律原则、法治精神等形式呈现。在法治实践中，这些抽象规范往往需要通过行政或司法行为才能直接作用于普通民众。正是以法律修辞为桥梁，抽象的行为规范才能转化为具体的行政行为或司法行为，对民众直接产生法律意义。无论是行政执法者还是司法适用者，法治思维要求他们首先考虑的就是法律规范的有效性，即以法律规范作为最重要的行为标准和评价尺度，那些诉诸情感、道德、人格魅力甚至是政治修辞的手段，只能是法律资源的有效补充。由此，法律本身又成为公法行为本身的最佳正当化理由。法治思维是讲求法律理由的思维，法治又被称为理由之治，即执法者的公法行为，尤其是可能对以当事人为代表的民众有不利影响时必须给出具有说服力的理由。根据法律修辞的基本立场，法律是构成公法行为正当性的最重要理由。在具体实践中，法律理由如何给出、根据为何、是否充分、应如何表达等都是法律修辞所关注的重要问题。

---

① 赵静：《修辞学视域下的古代判词研究》，巴蜀书社2008年版，第117页。

② 韩春晖：《论法治思维》，载《行政法学研究》2013年第3期，第11页。

法律修辞通过法治话语的使用而实现法治价值，法治话语既是思维的载体，也对塑造甚至强化法治思维具有积极的推动作用。法律修辞并不纯粹是技术性问题，其背后所体现的，正是包括民主在内的诸多法治价值。实现民主的技术路径“在修辞本体维度上就赋予人们一种认识和理解法律价值预设的基本姿态”[①]。立法是民意的最大载体，既定法是重要的规范性共识，法律修辞所做的正是将这些民主价值输送到法治实践每个环节的终端。

其二，法律修辞通过听众对决策程序的参与增强法治思维的民主内容。作为法律修辞的重要理论支持，新修辞学与传统修辞学相比更为关注修辞的说服效果。法律修辞学不再“先验地树立起一套‘理当如此’的规范、程序和标准（如形式逻辑），以此作为判断修辞实践是否‘正确’的依据，而是以在日常、真实语境内各领域和各行业的人们如何通过论理和商谈解决彼此间分歧作为理论构筑的基础，将注意力集中在说服的有效性上”[②]。“说服”意味着听众心理上的主动“认同”，而不是因为惧怕法律强力而作出的“被迫接受”。修辞不再是说话者单方面的作用，听众成为影响修辞行为的关键性因素。任何修辞活动都必须以听众为中心进行沟通，因为获得或强化听众的认同是修辞的核心目标。为了达到这个目标，说话者不能寄希望于使听众服从自己，而是必须使自己的言辞适应听众，缩短甚至消除执法和司法行为与当事人、社会大众之间的距离，缓解理想化的法治思维与现实中民众观念和行为之间的紧张关系。从这一意义上说，法律修辞对听众的关注本身就具有了民主意义。

在不同的法律实践领域，法治思维主体需要面对不同的听众。由于这些听众在文化程度、社会阅历、知识背景等方面存在诸多区别，法律修辞所做的，就是要把法治的价值取向与不同听众的理解能力有机联系起来，这需要说话者根据听众的不同而选择不同的修辞起点以及有针对性的修辞方法和策

---

① 谢晖：《诗性、修辞与法律价值预设——制度修辞研究之二》，载《现代法学》2012年第5期，第12页。

② 刘亚猛：《追求象征的力量》，生活·读书·新知三联书店2004年版，第322页。

略。进而言之，法治思维主体为说服更多的听众，往往需要选择社会共识作为论证的起点，无论他是否意识到，其都已经在具体的法治过程中践行民主要求了，换句话说，民主以一种特别的方式参与并实质地影响了执法或司法实践。法律修辞通过技术性的手段不仅贯彻了民主程序等形式方面的要求，更在实质内容上增添了民主因素。

无论立法者多么睿智，立法技术多么发达，制定法与现实社会关系之间总是存在天然的缝隙，适用于个案的法律本身具有可争辩性成为法治论者必须面对的现实。有人可能会发问：如果法律是可争辩的东西，那么是否还可能存在法治呢？修辞“研究的是非证明性的但却具有说服力的论证”，“只要有公开的论辩过程的地方，就会有修辞”①。法律修辞在法律的可争辩性领域借助于特定的方法和技术为执法者设定了自我反思和自我约束的机制，以此为基础探寻经过理性检验的共识，使法治思维的民主价值得以通过法律专业途径实现。“从这一动态的方面看，法律的可争辩性根本不是法治的反题，而是法治的要件之一。”② 因为它为民主价值的实现提供了更多空间和机会。“法治思维是具有修辞色彩的法律思维。”③“西方现代民主法制的施行对政治修辞和法律修辞的技术性依赖是怎么强调都不过分的。而构成现代政治、法律修辞的原则、概念、技巧、策略、程序、体裁、规范等，无不源于可以上溯到古希腊的西方修辞传统。”④ 从民主价值实现途径上来说，法律修辞是现代民主法治不可或缺的技术路径，可以说，有了法律修辞，法治思维中的民主价值才能更具现实性，走得更远。

---

① ［英］尼尔·麦考密克：《修辞与法治》，程朝阳、孙光宁译，北京大学出版社2014年版，第42、23页。

② ［英］尼尔·麦考密克：《修辞与法治》，程朝阳、孙光宁译，北京大学出版社2014年版，第42页。

③ 魏胜强：《法律修辞：展示法治思维的晴雨表》，载《郑州大学学报》（哲学社会科学版）2014年第4期，第36页。

④ 刘亚猛：《追求象征的力量》，生活·读书·新知三联书店2004年版，第4页。

三、司法民主的需求与路径选择

在所有的国家权力之中，立法权体现民意，因此具有天然的民主性质。而司法权则由于其高度的专业性被认为远离广大民众，难以实现对民主价值的追求。在近代以自由主义为理论支撑的法治理论之下，法官职业群体垄断了司法权，司法权以及法官的裁判行为具有了韦伯意义上的“官僚化”特征。这种官僚化的司法内含了对司法过程的一些独断性判断。这一观念认为，现行法律中存在调整人们社会行为的完备模式，为各类纠纷的解决准备了唯一正确答案；法官只是法律的喉舌，其“依法裁判”不仅是可能的，而且是保障司法行为正当性的充足理由。随着社会的发展，人们发现，虽然法官需要“依法”，但由于抽象的法律文本与复杂的社会事实之间存在天然的缝隙，立法者所立之法与法官的裁判之间并不存在一一对应的关系。独断性的司法对法官思维的要求过于强化法律的客观性和规律性。对司法过程的描述是一种简单的决定论，将裁判的合法律性与正当性合二为一。这不仅使得其自身在解释复杂的司法过程时会显得力不从心，而且在对裁判正当性的论证上往往说服力不足。司法行为的这种独断性特征，有利于维护法律的稳定与司法权威，但是，如果我们走过了头，使它成为一种不加反省的态度，那么，我们追求的法律的稳定也可能就成为一种虚假的安定。

从司法行为的内容而言，虽然司法权需由法官行使，但其所涉及的正是复杂的社会生活，法官要通过立法者制定的法律化解社会纠纷。从最终意义上来说，司法权是服务于社会公众的，司法必须与社会关系的主体——活生生的人，保持密切的联系，才可能实现司法与社会之间的良性互动。任何司法行为都不是独立的，司法行为不应是，而且也不可能是法官个人或职业群体本身的事情。即便法官坚信其裁判是待决案件的“唯一正确答案”，他也必须进行正当性的说明。在价值多元的社会背景之下，“司法的正当性维持也变得相当的不安定和困难”[①]。此时，司法行为的正当性本身已经无法依赖单纯的合法律性得以建立，而必须融入更多的民主因素，这不仅是提高司法产品质量的需要，也是司法在国家权力运作过程中的一种政治义务。“国家的一切权力属于人民。”虽然法官阶层垄断了司法权，但其作为国家权力运作的一个环节，在从事法律行为的同时也不得不考虑其政治责任。高质量的司法裁判不仅有利于化解特定案件中的具体纠纷，更可以从整体上消解韦伯意义上的官僚化在司法领域的弊端，提升司法的公信力。当司法获得了必要的权威，才能实现司法在国家权力架构中的应有地位。从这一意义上说，司法对民主价值的追求是与当前社会发展中异质性增强的特定历史阶段相联系的，法官对司法民主的追求也不是由法官个人的法律职业角色决定，而是基于法官个人以及司法整体的政治角色而产生的。

当今世界，司法民主成为一种迫切的需求，各国的司法实践纷纷表达其对民主价值的肯认与追求。整体来说，当前司法民主的实践主要受到参与民主与协商民主两种理论的影响。参与民主理论认为，“真正的民主应当是所有公民的直接的、充分参与公共事务的决策的民主”[②]。在司法领域，则应由社会公众参与案件的审判，这样才能真正实践司法民主所追求的普适价值。多国采用的现代陪审制或参审制都可以理解为对这一理论在实践上的支持。就陪审制而言，一般是指法院在进行审判案件时，吸收非法律职业者参加法庭审判，与法官共同行使审判权的制度。根据这一制度的设计理念，要实现真正的司法公正，就必须防止法官依据个人偏见进行裁判，而有效预防的措施，便是使普通民众可以参与案件的审判，在其所能理解的范围内对案件发表意见，并最终影响裁判结果，即用常人的判断来防止法官的臆断。只有建立在普通公众朴素的正义观和良心确信基础上的裁判，才是能真正解决问题的裁判，也才是最为公正的裁判。

---

① ［日］棚濑孝雄：《纠纷的解决与审判制度》，王亚新译，中国政法大学出版社2004年版，第249页。

② ［美］卡洛尔·佩特曼：《参与和民主理论》，陈尧译，上海人民出版社2006年版，第8页。

参与民主理论中所包含的“平等参与”“常人判断”等因素，与司法界长期推崇的司法职业化、精英化本身形成了紧张关系。在相当长的时间，各国对参与民主的实践是比较审慎的。日本学者棚濑孝雄曾说：“在自由主义的司法理念下，司法……出于维持中立性的考虑，对民众的参与也持有消极或警戒的态度。像韦伯所指出的那样，民主主义可能削弱法律适用的形式合理性，具有损害近代社会中司法根本理念的危险性。”① 我国学者在司法的民主化与职业化关系上的论战，也主要是在这一意义上进行的。比较有代表性的观点，如主张司法民主化的陈忠林教授认为，“民情是一个民族的唯一的坚强耐久的力量”，“陪审制是人民获得公道的唯一手段”。② 而坚持司法职业化的贺卫方教授则认为，“如果让法院在法律之外，再求诸一时一地或者一案中的民意，让法官超越法律去判断怎样的判决更符合人民利益，那么不仅仅使得案件的判决存在着无可名状的任意性，而且宪法和法律作为通过民主过程提炼民意所形成的最高规范就变成可有可无的空文。”③

其实，在参与民主的意义上，司法民主与司法职业化之间的对立，来自民主与法治作为两种人权保障制度路径设计初衷的不同。民主理论来自主权在民的观念，认为要实现人的价值和尊严，最好的途径便是由人民来决策与自身利益相关的事情；而法治理论则立基于对人性的不信任，要通过分权制衡约束国家权力以保护个人权利免受其害，从而从整体上实现人的权利。“这两个理论之间的基本区别不是对于人类的尊严和自治的重要性的争论，而是如何最好地表达和保护这两个基本价值的争论。”④ 因此二者在价值取向等问题上不存在根本性的冲突，只是人们在探索人权保障机制之初所选择的不同进路而已。同样地，司法民主与司法职业化也都以追求权威、公信的司

---

① ［日］棚濑孝雄：《纠纷的解决与审判制度》，王亚新译，中国政法大学出版社2004年版，第12页。

② 陈忠林：《司法民主是司法公正的根本保证》，载《法学杂志》2010年第5期，第27页。

③ 贺卫方：《司法改革的难题与出路》，载《南方周末》2008年9月18日。

④ ［美］沃尔特·墨菲：《普通法、大陆法与宪政民主》，信春鹰译，载刘军宁等编：《经济民主与经济自由》，生活·读书·新知三联书店1997年版，第237页。

法为目的，二者之间也并不存在本质的对立。如周永坤教授所说，“司法职业化与司法民主是从两个不同的角度观察司法的结果。司法民主关注的是司法的政治向度，即民主与否；司法职业化是从司法活动及司法人员职业知识的多寡、行为的职业技能等方面对司法作出的评价”①。认为司法民主与司法职业化二者相对立的观点，来自我们对司法民主的狭隘理解和错误定位。

要化解司法民主在实现路径上与司法职业化的冲突，就必须对司法民主进行重新审视。参与民主理论主要是从司法权的实施主体着眼来进行相关制度设计的。我们认为，民主主体是民主制度的重要内容，但我们对司法民主的理解不能局限于“谁来行使司法权”，更不应将司法民主极端化为大众司法。“由于大众不具有法律专业知识，缺乏对法律的忠诚，大众司法容易产生情绪化、非理性化、非程序化倾向，容易产生司法的随意，它不利于维护法律的稳定性，不利于司法对法律中的民主价值的传递。同时，大众司法也不利于对他项权力的控制，容易为他项权力操控，从而对民主的制度架构构成威胁。”② 从整体上来讲，社会大众作为决策主体对司法的影响主要是负面的。作为司法职业化的对立面，大众司法早已为司法现代化的历史进程所淘汰。

在参与民主的基础上，学者们提出协商民主的思想。德国学者哈贝马斯认为，在现代社会中，一个国家的法治与民主之间存在内在关联。“‘正确性’意味着合理的、由好的理由所支持的可接受性。要澄清这些条件是不是被满足，不可能通过直接诉诸经验证据和理想直觉中提供的事实，而只能以商谈的方式，确切地说通过以论辩的方式而实施的论证过程。”③ 在价值多元的时代，即使是对话或商谈所追求的也不是一种道德专制意义上的普遍性，而仅仅是在理性商谈规则之下的合理对话形式。协商民主理论对各国的司法

---

① 周永坤：《我们需要什么样的司法民主》，载《法学》2009年第2期，第13页。

② 周永坤：《我们需要什么样的司法民主》，载《法学》2009年第2期，第11页。

③ ［德］哈贝马斯：《在事实与规范之间——关于法律和民主法治国的商谈理论》，童世骏译，生活·读书·新知三联书店2003年版，第278页。

制度以及司法行为产生了重要影响。人们对僵化的司法独立重新进行审视，司法的民主角色更为积极，开放性日益增强，法院从“精密司法”的判决作坊变成“民主司法的公共领域”。[①] 刑事和解、诉辩交易、多元纠纷解决机制等获得了更广泛的应用。

我们认为，司法民主命题成立的前提在于其保持了司法本来的性质，尊重现有的制度架构。例如：部分国家实施的法官选举制，也是以德才兼备的资深律师作为候选人；陪审制中严谨的制度设计与程序安排，使得普通公众参与司法过程与法官行使司法权之间保持必要的距离，双方各司其职；司法过程中的民主商谈也是以尊重法官的审判权威为前提。这些有益的尝试不是司法职业化的障碍，而是在维护司法职业化的同时提升了司法的民主性质。然而，无论秉持哪一种民主理论，我们都必须明确，“司法民主是一种具体民主，而非抽象民主。”[②] 与立法民主积极追求人民意志相比，司法民主应更关注具体个案裁判中现实权益的保护，定分止争。要实现司法民主，不仅需要宏观的制度建设，还必须依赖于法律职业技术手段。作为法律方法的法律修辞，正是在每一个案件的处理过程中，使用职业化的技术提升裁判的可接受性，从而从司法过程内部增强司法的民主色彩。

四、法律修辞：司法民主的职业化进路

从民主的视角观察法律，法律以及司法本身不应仅仅被视为权力的实现，司法行为也不应当仅仅合法，还应当因为不与社会认可的价值相抵触而具有合理性。[③] 传统司法具有比较强的独断性，对除法官之外其他人的意见关注不足。对此，法律修辞学不再“先验地树立起一套‘理当如此’的规范、程序和标准（如形式逻辑），以此作为判断修辞实践是否‘正确’的依据，而

---

① 刘景辉：《司法的民主角色与民主责任——解读司法民主》，载《当代法学》2010 年第 3 期，第 52 页。

② 丁建军：《佘祥林案引思我国司法民主理念的困境与重塑》，载《求索》2005 年第 11 期，第 58 页。

③ Ch. Perelman, *Justice Law and Argument*, D. Reidel Publishing Company, 1979. p. 121.

是以在日常、真实语境内各领域和各行业的人们如何通过论理和商谈解决彼此间分歧作为理论构筑的基础，将注意力集中在说服的有效性上”[①]。依据这一观点，在传统上并不注重说理的大陆法系法官角色也已经发生了显著的变化，逐渐向英美法系法官靠拢。可以说，新修辞学的诞生正因应了司法民主的需求，法律修辞正是借助修辞的力量来实现司法的民主价值。

与传统修辞学注重修辞的手段相比，新修辞学更关注修辞的说服效果。“说服”意味着听众的“认同”，因此修辞不再是说话者单方面的作用，从此立场出发，“听众”就成为新修辞学的核心概念，它是指“说话者在论证过程中所企图影响之人”[②]。任何修辞活动都必须以听众为中心进行沟通，因为获得或强化听众的认同是修辞的核心目标，为了达到这个目标，说话者必须使自己的言辞适应听众，而不是使听众服从自己。在不同的言说环境下，听众可能是多层次的。根据佩雷尔曼的分类，听众至少有三个层次：普泛听众、特定听众以及说话者本人。[③] 在司法过程中，对法官而言，作为听众的“自己”，主要是帮助自己检验得出的结论。当法官说服了自己，也便完成了内心确信。特定听众则视言说情景的不同而富于变化，其多为司法过程的直接参与者。对特定听众的说服有利于减少司法过程中的对抗情绪，保障各类程序的顺利进行，从而有效化解纠纷。对于司法民主的价值追求而言，则普泛听众概念具有突出意义。

具体来说，法官要说服听众接受自己的观点，存在一个前提，即法官与听众之间就争议问题存在某种共识，如此听众才有接受其观点的可能。可以说，法官与听众之间对特定问题的共识是有效说服的前提，而修辞又以实现更高层次的共识作为目标。对于特定听众，由于其已经形成了特定的行为方式或习惯，法官可以选择“好恶性共识”，以投其所好。对于普泛听众的说

---

① 刘亚猛：《追求象征的力量》，生活·读书·新知三联书店2004年版，第322页。

② 廖义铭：《佩雷尔曼之新修辞学》，唐山出版社1997年版，第49页。

③ See Chaim Perelman and L. Olbrechts-Tyteca, *The New Rhetoric: A Treatise on Argumentation*, Notre Dame University Press, 1969. pp. 31 – 34.

服是修辞的最高境界，也是合理性判准的根据，而对于普泛听众的说服本身，不仅具有突出的法律意义，还具有突出的道德意义或政治意义。虽然普泛听众的组成也非常复杂，但整体而言，听众的普遍性将有效消解部分价值偏好、观念对立等冲突。换句话说，就作为整体的普泛听众来说，其拥有相对确定的“实在性共识”。这种实在性共识，简单来说，便是社会公众普遍认可的价值观以及与此相适应的行为规范。这种实在性共识可以形成“压倒性社会优势力量”而成为正当性判决的启示与泉源。① 针对普泛听众，对修辞者最为有力的支持，在于心理与社会上的惯性因素。佩雷尔曼说，“如果我们持有某种观点，那么坚持它就是合理的，而在没有理由的情况下放弃它就是不合理的。这种惰性原则是我们的精神生活和社会生活稳定性的基础。”②

对于具体的司法过程，并不是每个案件都会受到社会公众的关注，但这并不意味着法官不需要尊重社会普遍的价值观和道德标准。例如，在2012年的“猥亵虐杀少女案”中，一名大学女生在厕所内遭猥亵虐杀。东莞市中级人民法院以强制猥亵妇女罪、故意杀人罪，判处被告人死刑，缓期二年执行，剥夺政治权利终身，并赔偿被害人父母508799.5元。该案的裁判结果受到一些质疑，尤其是该案罪犯虐杀“手段残忍”，为何没有判处死刑立即执行？负责此案审理的法官在回应网民的质疑时，说道，“这起案件……达到了判处死刑的标准……考虑到被害人‘有激烈反抗行为，才导致被告杀人’，如果司法机关每每下重手，对愿意接受惩罚的人也是个打击。”③ 此案从法律上来讲，被告有自首的情节，归案后认罪态度较好，且积极赔偿受害人家属的损失，所以最终没有被判处死刑立即执行，在法律职业群体来看也属于正常的判决，在可以接受的范围之内。法官的这番解释却比判决更令人难以接受。

① See Chaim Perelman and L. Olbrechts-Tyteca, *The New Rhetoric: A Treatise on Argumentation*, Notre Dame University Press, 1969. pp. 294-297.

② CH. Perelman, *The New Rhetoric and the Humanities: Essays on Rhetoric and Its Applications*, D. Reidel Publishing Company. 1979. p. 130.

③ 郑天虹、毛一竹：《是枉法轻判还是依法留情？——“猥亵虐杀少女凶犯死缓案”事件调查》，载 http://news.xinhuanet.com/legal/2012-05/27/c_112043298.htm，最后访问日期2013年8月10日。

长久以来，我们社会认可的观念是“积极与违法犯罪分子作斗争”，退一步讲，即便我们不“见义勇为”，当自己的生命受到威胁时的本能反抗也不能成为轻纵罪犯的理由。所以，虽然法官面对媒体解答民众的质疑本身就是对司法民主的践行，但从修辞效果上来说，法官选择作为说服起点的共识无疑是失败的。

其实，无论法官是否有意识地寻求普泛听众的认同，他对作为论证起点的共识选择就已经将社会公众带入司法过程之中了，换句话说，公众以一种特别的方式参与并实质性地影响了司法裁判。阿列克西说：“在佩雷尔曼那里被称为普泛听众认同的东西，在哈贝马斯那里就被称为在理想的言谈情境下达成共识的东西。”① 法律修辞通过技术性的手段不仅贯彻了民主程序等形式方面的要求，更在实质内容上增添了民主因素。从民主价值实现途径上来说，现代民主法制对法律修辞是存在技术性依赖的。可以说，法律修辞使司法民主走得更远。

如前所述，在司法职业化的过程中，法官职业群体垄断了司法权，从而造成大众话语与精英话语的对立。以法律修辞为技术进路的司法民主则可以在一定程度上缓解司法的合法律性与正当性之间的张力，对司法职业化带来的弊端进行补救。但是，当我们说某一事物或制度因其具有缺陷而需补救时，包含的前提是，这一制度是我们需要坚持的，我们对其进行的是“补救”而非“替换”。同样地，在司法制度发展的过程中，职业化之路是我们需要坚持的，司法民主是建立在职业化基础之上的一种价值追求，而不是使用司法民主代替司法的职业化。无限制的民主可能会导致多数人的暴政，在司法制度发展的历史过程中，混乱的司法曾给人类带来太多灾难。同样，过度的修辞也会造成真理的迷失，会使本已迷雾重重的司法过程变得更加复杂，因而必须对其应用加以限定。

首先，法律修辞属于法律方法体系之一种，它不是一种完整的知识体系，

---

① ［德］阿列克西：《法律论证理论》，舒国滢译，中国法制出版社2002年版，第205页。

更不具有本体论的性质，而是一类提升裁判可接受性的方法或技术。法律修辞与其他法律方法同样具有维护法治的基本属性。“忠诚于法律”是法律人思维的精神内涵，“信任法律、依据法律、维护法律”是法律思维的核心内容，也是一切法律方法应用的出发点和基本立场。在现代社会中，除法律之外，还存在政治、道德、宗教等多重行为规范，法律人自然也要遵守这些行为规范。但是，作为职业法律人，法官对法律的忠诚应先于对政治、道德或宗教的忠诚，尤其是这种忠诚在各种规范体系间不可兼得的时候。对法官来说，法律不仅是他们思考和认识问题的前提，也是他们思考和认识的对象。法律修辞的论题应该是法律论题，与政治话语、道德话语相比，法律话语应该是法官使用最多的修辞论据。这些话语不仅是法律思维的载体，更在一定程度上塑造着使用者的思维模式。同时，这些话语背后所体现的，正是作为使用者的法官对人与人之间社会关系性质的认定，而对争议问题性质的认定则直接决定了其对作为解决依据的规范的选择。

在当前法律权威不足的情形下，有时法官会使用一些政治话语、借助政治的权威来实现司法的目的，或者在一些涉及家庭伦理的案件中，运用一些道德话语来增强裁判的说服力。在实现说服目的的前提下，这些都是可以使用的修辞技术。但在法治语境下，法律话语应该是法律修辞最基础的内容。如果一个法官频繁使用政治话语，难以想象其会首先从法律出发来寻求争议问题的答案。一旦法官的法律思维方式受到影响，法官及司法的自治能力也就会相应减弱。因为法官之所以值得信赖，不仅是因为其具有的丰富专业知识，还在于其专业知识所造就的自信和坚定立场。法官的专长和权威正在于其对政治或道德思维保持必要的距离，如此司法才可能成为相对自治的系统，司法的民主化也才有实现的平台。

其次，法律修辞适用于以价值判断为核心的或然性场域。根据佩雷尔曼的观点，修辞在应用时有两个限制：其一，如果某一论题在人们心中被公认为是自明的，那么，不具备需要论辩的理由；其二，某一论题是独断的、无任何理由予以支持的，它只能通过野蛮的暴力来强制得到服从，而弃人们的理解性接受于不顾。[①] 随着司法民主色彩的增强，司法行为的独断性大大减弱，强制的暴力无法为司法提供正当性，这已经为我们排除了第二个限制条件。而第一个限制条件，则实际上从侧面为法律修辞的适用划定了空间，即法律修辞仅适用于人们存在价值判断争议等难以判断是非的或然性场域。

修辞学史的研究者们发现，任何修辞行为的原因都可以追溯到在相关事物中存在某一不确定性，修辞者的任务就是将这种不确定性按照自己的意图转化为某种修辞意义上的确定性。[②] 现代社会的多元价值观加大了人们选择的困难，而司法过程中更是处处充满价值的对立和选择。因为司法本身就是一个矛盾的集中地，人们因为有了无法自己化解的矛盾才寻求司法的帮助，而法官也必须在这些通常冲突的答案中进行考量裁断。司法过程中的不确定性为修辞提供了发挥作用的广泛空间。“事实上，修辞能够着力之处必然是那些或多或少存在某种可能性的地方，或者能够以某种方式被改变的地方。在不存在任何可能性、可变性或可选择性的地方，修辞是没有用武之地的。”[③] 具体来说，在面对听众之前，即便法官已经对争议问题有了初步的理解，但仍无法获得待决案件的正确答案。因为，法官最终获得的答案并不是先在的客观真理，而是通过与听众进行合作性对话后形成的合意。从这一意义上说，语言的运用策略只是修辞的浅表，思想和心灵的问题才是它的灵魂。同时，也正因为争议问题事先并不存在现成的答案，融入了民主因素的法律修辞才能够对最终结论的形成产生直接的作用。例如，2013 年 8 月 9 日，最高人民法院公布的《关于人民法院办理自赔案件程序的规定》规定了疑难案件的听证制度，这为通过修辞实现理性商谈提供了制度空间。法官通过修辞虽然是以一种不确定性来实现说服的有效性的，但“修辞学论证方式的合理

① ［比利时］佩雷尔曼：《法律与修辞学》，朱庆育译，戚渊校，载陈金钊、谢晖主编：《法律方法》（第 2 卷），山东人民出版社 2003 年版，第 146 页。

② 刘亚猛：《追求象征的力量》，生活·读书·新知三联书店 2004 年版，第 67 页。

③ 陈治国：《西方修辞学的古典传统及其当代复兴——兼论哲学诠释学和批判语用学之间的一个重要分歧》，载洪汉鼎、傅永军主编：《中国诠释学》（第三辑），山东人民出版社 2006 年版，第 104 页。

性现在是并且将一直是一种比科学确实性更加强有力的社会规定因素”①，其结论的可靠性不应受到减损。对于已经拥有足够确定性的问题，如果法官仍致力于通过一些修辞策略来说服听众接受，则可能是不必要，甚至是有损司法权威的。

最后，从司法民主的实现程度而言，各类听众对司法过程的参与度并不相同，以法官的视角来看，各类听众的重要性是有所差异的。审判总是以具体个案中纠纷的存在为前提，其裁判结果通常也只对特定案件发生效力。虽然普泛听众的认同对司法民主的实现意义重大，但是，获得普泛听众的接受是法律修辞的理想状态，在具体案件中法官首先要面对的是特定听众。②

在司法过程中，特定听众通常是以双方当事人及律师为代表的诉讼参与者。作为司法权的行使者，法官在特定听众面前是拥有特定权威的，这使得双方存在天然的地位差异。由于特定听众已经形成了较为固定的行为方式或习惯，要对其进行有效的说服，法官必须使自己的言行能够适应听众，甚至使用特定听众习惯的沟通方式（例如使用方言）与行为规则，使听众一方面尊重法官，另一方面又减少与法官之间的心理隔膜。尤其是在与单一听众进行面对面对话时，法官的权威地位就会更加突出，法官对于当事人的意见应给予尊重，对于无理要求则不应迁就。因为一旦法官的权威因迁就听众而受到减损，其对最终的说服效果来说是有害无益的。同样的道理，法官可以采取一些措施拉近与当事人之间的距离，但不能过于亲近而损害司法的可信度。在一些当面交流时，还可以使用一些肢体语言，比如拍拍当事人的肩膀，或者给当事人一个微笑，有时可以起到特殊的效果。但是，这些肢体语言应该是辅助性的，法官作出的任何有法律意义的行为都应该被明示，而肢体语言

① ［德］汉斯－格奥尔格·加达默尔：《真理与方法》（下卷），洪汉鼎译，上海译文出版社1999年版，第794页。

② 根据有学者的研究，美国最高法院法官中只有三位法官认为，在可能的情况下，判决应该使一般的百姓理解，而大多数的法官却认为，判决只是针对律师而言，抑或是为了指导或纠正下级法院的判决，有时则是为了对议会或政府产生影响。参见廖义铭：《佩雷尔曼之新修辞学》，唐山出版社1997年版，第319页。

被误解的可能性更大。在当面交谈过程中，由于对话者可以随时对法官的言论提出质疑或反驳，因此对法官来说，在当面对话中说服特定听众是更为困难也更有成就感的一件事情，其对于案件的息讼、执行等后续问题的处理都具有积极意义。

与当面对话相比，判决书等法律文书则更具正式意义。从理论上来讲，法律文书是写给所有人看的，所有人都是它的听众。但就实际而言，绝大多数判决书仍以特定听众为核心的说服目标。对于双方当事人与律师的主张，法官会在判决书中进行分析，包括法庭基于何种理由采纳了某些证据、支持了某些主张，对于那些看起来有正当根据但最终没有被法庭采纳的意见更需要着重阐述。由于判决书一旦公布便被固化，听众可以有充裕的时间来阅读和挑剔。法官总是尽力论述细致严谨，使用专业的法言法语，力求内容明确、描述客观、语言质朴、行文缜密，尽量避免感情渲染或是渗透出字面之外的附加意义。判决书的这种写作风格，不仅是出于论证的需要，更是因为除案件当事人之外，以上级法院法官为代表的精英听众是法官所特别关注的对象。精英听众的特点在于其在争议问题上具有决策能力，在司法领域就直接表现为二审判决的效力与影响。此外，法官也必须关注社会公众对案件的倾向性意见，尤其是在一些热点案件中，判决书的写作也会着意于对社会公众的说服。但整体而言，严谨、专业应是法律修辞的主流风格，法律修辞应以理性说服为主，以情感打动或道德劝说为辅。这种修辞风格背后所体现出的，正是司法对听众参与司法过程在广度和深度上的界限划定，是司法民主的限度对修辞风格的影响。

小　结

卢曼说，法律可说是规范上封闭的体系，但在认知上却是开放的体系。[①]借用这一论述，我们可以说，适用法律规范的司法行为应该是职业化的，它

① 洪镰德：《法律社会学》，扬智文化事业股份有限公司 2001 年版，第 363 页。

可以使司法成为相对封闭的自治体系，从而排除不当干预；而作出司法裁判的决策过程则应是民主的，它帮助司法成为与社会保持良性互动的开放体系，实现真正的司法公正。作为法律方法的法律修辞，正是致力于以专业化的技术手段来追求司法的民主价值。对于司法职业化程度不高又亟待通过司法民主提升司法公信力的中国司法而言，这是一条值得探索的进路。

第四章　法官话语的修辞学意义

作为法律帝国的王侯，法官在司法过程中的任何具有法律意义的行为，无论是案件庭审还是调解，抑或是最终的司法裁判，都需要通过语言体现出来，这既包括书面语言、口头语言，还包括肢体语言。然而，单纯的语言并不能帮助法官实现司法的任务。首先，司法过程中总是充满了或多或少的不确定因素，这其中既有法条语词的模糊和多义，也有法律对生活事实的筛选，还有当事人对自己权利理解和处置的主观性等原因。这种不确定性一方面降低了人们对案件结果的准确预期，另一方面也增强了人们对司法过程的期待。其次，随着司法民主化趋势的加强，人们越来越认识到，司法领域内的一些事实、观点已经不再是不证自明的了，法官所说的话也并非理所当然就是真理。最后，在当前社会背景与司法政策之下，与严格依法裁判相比，法官更愿意“以建立或者恢复一种稳定、和谐的人际关系和社会关系为根本的着眼点来看待和解决现实的纠纷（特别是民事纠纷）问题。”① 作为法律服务者的法官，每次在处理相对立的观点、解释、利益与价值时，都必须寻求那些既合乎法律又具可接受性的解决方案。② 司法过程中的这些不确定因素和法官对自己观点可接受性的追求为修辞提供了广阔的适用空间。如果我们把司法表述为法律产品的生产过程，只有经过恰当修辞的司法产品

---

① 顾元：《中国传统衡平司法与英国衡平法之比较》，载《比较法研究》2004 年第 4 期，第 12 页。

② ［比利时］佩雷尔曼：《法律与修辞学》，朱庆育译，戚渊校，载陈金钊、谢晖主编：《法律方法》（第 2 卷），山东人民出版社 2003 年版，第 148 页。

才能更容易为各个层次的公众所接受。那么，法官的语言究竟应以什么样的形态呈现于当事人以及社会公众面前呢？我们可以围绕新修辞学的基本概念进行讨论。

一、法官的听众是谁？

听众是新修辞学理论中的一个基本概念，它是指“说话者在论证过程中所企图影响之人”。[①] 与传统修辞学相比，新修辞学更关注修辞的说服效果，认为一切修辞行为都以说服为中心和目的。伯克说：“如果要用一个词来概括旧修辞学与新修辞学之间的区别，我将归纳为：旧修辞学的关键词是‘规劝’，强调‘有意’的设计；新修辞学的关键词是‘认同’。”[②] 显而易见，仅从字面意义就可以看出，“规劝”是语言的单方向作用，而“认同”则是需要修辞者和听众双方来实现的。“成功的修辞取决于言者（他的技巧等）以及听众（他的接受态度等），正如成功的药品同时取决于医生和病人一样。”[③] 因此，在所有需要使用语言的领域，说话者都应以听众为目标指向。具体到司法过程而言，法官的所有言辞以及观点的每一步推进都应以听众的接受与认同为中心。在此，法官与听众之间对特定问题存在一定的共识成为说服能够有效的前提，而修辞又以实现更高层次的共识作为追求目标。

对言说者而言，听众的概念可能是多层次的，而且听众的状态与语境密切相关。佩雷尔曼提出三种听众的概念：（1）普泛听众，除说话者本人之外，所有潜在的有智识的听众都是普泛听众。在此，普泛听众排除了一些完全没有认识能力的人，因此，它并不是指所有的人。（2）说话者所要说服的

---

① 廖义铭：《佩雷尔曼之新修辞学》，唐山出版社1997年版，第49页。

② Burke, Kenneth, Rhetoric—Old and New, in *New Rhetorics* ed. Martin Steinmann, Jr. New York: Scribner's Sons, 1967, p. 177. 转引自李鑫华：《博克新修辞学认同说初探》，载《外语学刊》2001年第1期，第55页。

③ ［美］理查德·A. 波斯纳：《超越法律》，苏力译，中国政法大学出版社2001年版，第585页。

特定听众。（3）说话者本人，即论证者不仅要说服他人，而且能够说服自己。[①] 说话者要说服不同类型的听众，需分别使用不同的修辞方法。对法官而言，在司法过程中应选择何种共识作为修辞的出发点，采用什么样的修辞策略，都是由对听众的定位决定的。例如，调解中法官的听众定位相对简单。调解中法官主要借助于口头语言直接面对双方当事人，双方当事人作为特定听众的重要性就要远远大于同样作为听众的其他法官或者社会公众，这种差异也直接导致了法官修辞策略的不同。在具体的案件中，由于双方当事人的性情、文化程度、道德水平等因素特定，法官可以更有针对性地选择双方感兴趣的话题作为说服起点的基础共识，采取更有效的修辞方法。有位经验丰富的法官在介绍自己的调解经验时说道，“注意揣摩当事人的心理，对不同的对象说不同的话，他才容易接受。比如拖拉机驾驶员，大老粗，性格直爽，就拿他的‘麻筋’，跟他说说粗话，他很服；对干部，要体面的，就给他说利害关系，什么很为他惋惜之类的，就连连奏效；对老年人先拉家常，采用‘吃面条调解’（就是请他吃面条，一边吃一边做工作）的办法，等等”[②]。同样地，与案件庭审以及判决书写作相比，调解中法官会更多地使用情感手段，即通过调动听众的感情而形成说服力。毕竟，即便对同一事物“我们在忧愁或愉快、友爱或憎恨的时候所下的判断是不相同的”[③]。因此，要激发和控制听众的情感，必须把握听众的心理活动，随着情境的变化随时调整修辞策略。从这个意义上说，法官不仅是一位法律专家，也应是一位心理学专家。

与此相对，就法官的判决书写作过程而言，其听众的层次就更为多元化。首先，法官在进行判决书写作的时候心中已有定论，即他已经完成了说服自己的工作。如果法官对自己的裁判结论都抱有哪怕是一点怀疑的态度，那么

---

① See Chaim Perelman and L. Olbrechts-Tyteca, *The New Rhetoric*: *A Treatise on Argumentation*, Notre Dame University Press, 1969, pp. 31 – 34.

② 吴英姿：《法官角色与司法行为》，中国大百科全书出版社 2008 年版，第 42 页。

③ ［古希腊］亚里士多德：《修辞学》，罗念生译，载《罗念生全集》（第一卷），上海人民出版社 2007 年版，第 147 页。

这就可能在听众对这一结论的接受方面设置障碍，而此时说服听众接受是法官职业责任的一部分。[①] 其次，法官最关注的可能就是案件双方当事人了。由于案件双方当事人往往是站在不同的立场而持有相对立的观点，法官的裁判要获得案件双方当事人的认可是非常不易的。因此，法官通常会对双方当事人的主张进行有针对性的阐述，尤其是那些看起来“似乎”有些道理但最终没有被法庭采纳的主张。再次，以上级法院法官为代表的法官职业群体也是司法裁判的重要听众。尤其当法官作出的是初审裁判，则法官也期待其体现于判决书中的裁判理由能够得到以上级法院为代表的法官群体的认可。最后，法官还可能会将社会公众作为普泛听众而加以关注，特别是当一些引发社会广泛关注的案件时，更是如此。当然，普泛听众的认可往往是一种理想状态，但是，“普泛听众的认同就是论证之合理性与客观性的标准”[②]，它成为法官裁判努力的方向。

在这些多元听众群体中，法官职业群体扮演了重要角色。因为在大多数情况下，法官无法对所有听众都给出一个能够被接受的理由，所谓的“胜败皆服”主要是一种理想状态。此时，法官就只能有重点地关注某一关键的听众群体，这一关键听众就是所谓的“精英听众”。佩雷尔曼指出精英听众的性质是因为他们在特定的环境中具有决策的能力而且能够成为他人的引导，“精英听众经常被视为一种典范，为了对自己的名声能够当之无愧，他们通常持有某些观念确信，换句话说，精英听众能够为每个人设立行为规范。在此，精英听众就成为被所有人遵从的先驱。”[③] 在司法实践中，如果当事人对一审裁判不服通常会上诉，而二审如果维持了一审的判决，则相当多的当事人就会服判息讼。这不仅是因为我国二审终审的审判制度；还在于，当事人看到了一审裁判的听众群体中更为“精英”的上级法院法官明确的意见和

① ［美］伯尔曼：《法律与革命》，贺卫方等译，中国大百科全书出版社1993年版，第189页。

② ［德］阿列克西：《法律论证理论》，舒国滢译，中国法制出版社2002年版，第202页。

③ Chaim Perelman and L. Olbrechts-Tyteca, *The New Rhetoric: A Treatise on Argumentation*, Notre Dame University Press, 1969, p. 34.

态度。

然而，作为关键的精英听众并不会轻易发表意见，由于其对自身掌握信息的自信，他也不会轻易被说服。但是，作为听众的其他法官与作为修辞者的法官归属于同一个法官职业群体，他们拥有高度一致的教育背景、专业知识体系和思维方式。在法律问题上，他们拥有相当大范围和较高程度的共识，容易形成一致意见。在此，“同质的专业受众对一篇司法意见的适当措辞和规范有着确定的预期。”[①] 因此，法官知道或大致知道应如何实现精英听众的期待，获得认可。在司法过程中所呈现出来的，便是裁判书等司法文书会使用精准的专业术语，文风朴实而严谨，法官作出的所有判断都有法律上的依据。这正是精英听众们已经形成的共识。

所有的修辞都旨在说服，司法过程中法官的语言要产生良好的说服效果，就必须以听众为中心建构其修辞策略。在这个意义上，法官与当事人应相互理解。“相互理解不仅指善解人意和尊重对方，还在于言语行为的施动者愿意并善于根据对方的反应来调整自己的修辞策略，使修辞手段和修辞方式与对方的接受心理产生和谐共振。”[②] 从前面的分析中我们可以看出，当面对具体的特定听众时，法官就可以有针对性地选择一些个人好恶性的共识作为修辞的起点；而当面对广泛而抽象的普泛听众时，往往必须借助于一些常识或普遍的价值观念，这就是“集体的隐性共识”或“基于现实的共识”。[③] 因此，在特定的案件中，每次的话语交流，法官都必须首先明确听众的定位。只有听众定位准确，才可能实现有效说服不同层次听众的目的。

其实，修辞论证方法的针对性，不仅体现在根据不同的听众选择不同层次的共识作为修辞的出发点，还体现在修辞的过程必须具有针对性。法官在阐述其适用法律的具体理由时，必须对其所面对的听众群体进行细致的划分，

---

① ［美］波斯纳：《法律与文学》，李国庆译，中国政法大学出版社 2002 年版，第 386 页。

② 孙汉军：《修辞的对话性》，载《外语与外语教学》2005 年第 1 期，第 15 页。

③ See Chaim Perelman and L. Olbrechts-Tyteca. *The New Rhetoric*：*A Treatise on Argumentation*，Notre Dame University Press，1969，p. 65.

根据不同层次的听众的特点进行论述。在这一过程中，法官首先需要考虑的是案件当事人与律师。当事人是案件的最直接利害关系人，在陈述适用规范的理由时，法官需根据双方当事人与律师的意见进行有针对性的阐述，尤其是没有被法庭采纳的意见，法官应说明理由。此外，法官或许还需考虑该案可能涉及的法官群体。如果是初审案件，法官会期待判决得到上级法院的认可；如果是上诉案件，则初审法官对案件的关注也不可能完全忽略。因此，在初审案件中，法官需要通过恰当的论证赢得上诉法官的认可；而在上诉案件中，尤其是上诉法官要推翻原判时，更需要详述理由以说服初审法官。初审法官及上诉法官都只是法官群体的代表，待决案件的法官自然也期待案件的裁判得到整个法官群体的认可。这种认可不仅具有个案的意义，更是法治社会对法律职业群体同质性期待的具体体现。此外，法官可能还需要关注社会公众，尤其是一些产生广泛社会影响的案件，判决能得到公众的认可对法官来说将是非常期待的一件事情。

二、修辞权威来自何处？

如前所述，亚里士多德将修辞者的“人格”作为修辞的首要手段，当人们心目中建立起对修辞者的信任时，说服就会通过人格得到实现。① 这里说的“人格”主要是指修辞者的人格威信。有学者认为，威信本身就是由权威和可信性两部分构成的。② 其中权威可能是更为关键的因素，因为权威本身就会增加可信性。佩雷尔曼在总结共识的分类时，提出一种共识就是“一种的权威主张”③。因为这种共识基于对听众所接受的权威的信赖，这种权威的决定具有约束力因而会得到遵守。学者布迪厄则进一步将权威视为说服过程中最重要的因素，认为言辞具有的或者发挥的任何力量都是外加的而不是内

① ［古希腊］亚里士多德：《修辞学》，罗念生译，《罗念生全集》（第一卷），上海人民出版社2007年版，第151页。

② 赵静：《修辞学视域下的古代判词研究》，巴蜀书社2008年版，第160页。

③ Chaim Perelman, Justice Re-examined, op. cit., p. 91. 转引自廖义铭：《佩雷尔曼之新修辞学》，唐山出版社1997年版，第243页。

在的。这一力量的大小取决于发言人从所属社会机构得到多少“授权”。如果某一施为言语“出自一个‘无权’说这话的人之口，它注定不能成功”。因此，“所有有效的说服手段事实上都先已得到授权，或者归根结底地说，都是话语权威的不同表现形式，说服离不开权威”。因此，修辞学家在修辞人格的名义下研究的各种问题，归根结底是修辞者在受众心目中是否享有权威这一根本问题。[①]

在司法过程中，法官作为国家司法权的行使者，是否具有足够的人格威信来实现说服的目的呢？究竟是法官个人的优良品格还是他背后的司法权赋予了他必要的权威？对此我们可以从不同的层面进行阐述。抽象来说，只要司法权本身具备正当性，法官作为司法者就已经具备了一定的权威。当然，仅有这些是不够的。真正的权威不是主观暴力，而是一种精神力量，它是以价值符号为基础的信仰体系。简言之，“权威是指对权力的非强制性的服从”[②]。因为与立法权等民主性质突出的权力相比，司法权，尤其是法官所行使的部分司法权的派生色彩更重，它需要为自己的正当性提供更为充分的理由。从具体层面来说，一个法官对特定听众是否具有权威还依赖于法官个人的道德水平、文化素质、职业经验以及言说内容，甚至是采取的修辞技巧等更为具体的因素，因而，法官需要采取一些必要的修辞策略来增强其权威性。

其一，法官可以通过必要的修辞策略塑造形象、建构法官权威。修辞人格理论对于塑造法律人尤其是法官形象进而提升司法公信力具有积极的推动作用。法官作为裁判者，其背后具有强制力的国家司法权，在一定意义上可以说，法官已经具备了一定的基础性权威。而法官在当事人心目中的人格形象则往往是在与当事人的接触过程中形成的。如果当事人觉得法官是一个正派的人，则容易接受其调解或裁判；如果当事人觉得法官偏袒对方，则可能形成更强烈的对抗心理。修辞人格对修辞效果的影响虽然是普遍性的，但是

---

① 刘亚猛：《追求象征的力量》，生活·读书·新知三联书店2004年版，第187—192页。

② 叶麒麟：《权力·权威·能力——论现代国家的理想型》，载《社会主义研究》2008年第2期，第100页。

影响的程度却并不相同。人格对修辞效果的影响程度与修辞者的职业具有密切关系。而正如牧师犯罪会激起人们强烈的憎恶观念一样，法官作为司法者，往往在人格威信上也被寄予了较高的要求和期待。就法官职业所需要的知识和技能而言，它本身已经具有非常强的专业性质。法律思维和法律理论的核心主要是以一些专业术语和概念的形式存在，这些晦涩难懂的法言法语在法官和当事人以及普通公众之间形成了一种专业性壁垒，从而造成“信息不对称”，这增加了司法过程的神秘感，也巩固了法官职业内部的共识强度，提升了法官职业整体在司法过程中的地位和权威。

除此之外，微观的司法场景，也为法官塑造良好的个人形象提供了契机。因为在具体案件发生之前，当事人通常对法官的个人信息知之甚少，甚至一无所知，因而在交谈过程刚刚开始之时，法官是处于修辞上的弱势地位的。为了能够接近听众，获得对听众表达的机会，法官往往需要采取一些“王顾左右而言他”或者“围魏救赵”的策略，先树立个人形象，然后才切入正题。而在微观司法场景中，法官和当事人是面对面近距离接触的。“因为微观化，司法者的各个角度、层面的表情、眼神、手势、措辞……都会产生，至少可能产生最直接的效果，故一种基于信息快速流通的感染交换，可发挥重要作用，以较为独特的方式改变微观司法场景中各个参加者对他者，特别是被司法者对司法者的印象和看法。”① 此时，法官的行为往往会受到当事人的集中关注，也容易对当事人具有即时的感染力，特别是具有“难以抵御性”。例如：法官吴超英的事迹中有这样一件事，因为灌溉的需要，某村用挖掘机在村边河中间挖了一条引水沟。刘某的妻子郑某不慎在这条水沟里溺水身亡，由此引发纠纷。一审判决刘某之妻和该村分别承担80%和20%的责任。该村不服，提起上诉。吴超英认真审阅案卷后，亲赴现场调查取证。由于溺水处位于河中间，水流湍急，河水浑浊，地形复杂，无法准确探明情形。时值隆冬，天寒地冻，可为了探明溺水位置的真实深浅，吴超英脱下羽绒服，

① 刘星：《司法日常话语的“文学化”——源自中国基层司法经验》，载《中外法学》2010年第2期，第176页。

挽起裤脚，找了根竹竿，愣是一步一滑地走到了溺水处。这使案件的双方当事人看得没话说，既感到惊讶，同时又十分感动。上岸后，吴超英的嘴唇冻得发紫，双脚也沾满了青苔。现场的围观群众见到他这个样子都为之感动不已。最后，案件维持原判，双方当事人均无异议。①

在此，个人品格成为最有效的说服力手段。在这一案件中，让当事人服判息讼的，与其说是案件处理结果，不如说是法官个人的道德水平和敬业精神所带来的权威感。其实，个人品格在司法过程中的表露并不是全面而完整的，在一个案件中法官呈现给当事人的形象是“和蔼亲民”，在另外一个案件中可能呈现出来的又是“机智练达”，法官需要以什么形象出现在听众面前，不应是一种真实自发的表现，而应该是服务于一定修辞目的的特意的构筑。从这意义上来说，法官的权威形象是可以反复再塑的。这有利于法官达致不同的说服效果，同时也加重了司法过程的个人化色彩，导致案件处理的结果与法官个人密切相关，淡化了法官的可替代性，使具有不同人格威信的法官对同一案件的处理结果可能会有不同。这种情形虽有助于增强法官对当事人的权威，却不利于树立司法权以及司法过程的权威。

其二，法官言说的内容需要有权威。根据弗里德曼的观点，法官所行使的司法权并不是原生的，而是派生的。法官通过言说所表达的内容本身不具有理所当然的正当性，因此法官需要证明自己的言说是有道理的，或需要表明与更高权威或更高合法性之间的某种联系。所以，不论法官做什么、说什么，都需要某种联系措施。带有理由的意见正是提供这样一个联系的途径。②在能够提供正当理由的各种资源之中，法律渊源是至关重要的一种。“法律渊源是一种权威性理由。”③ 它是为法官的言说内容提供不同层次权威来源的

① 衢州市中级人民法院“十佳敬业好干部吴超英”，载 http：//www. qzzjfy. com/page. asp？ id = 2317，最后访问日期 2012 年 6 月 6 日。

② ［美］劳伦斯·M. 弗里德曼：《法律制度》，李琼英、林欣译，中国政法大学出版社 1994 年版，第 276 页。

③ ［瑞典］亚历山大·佩岑尼克：《法律科学：作为法律知识和法律渊源的法律学说》，桂晓伟译，武汉大学出版社 2009 年版，第 26 页。

规范体系。在我国，制定法是正式和首要的法源，它成为法官裁判以及其他言说内容最基础的权威来源。不仅在司法裁判中法官会引用相关法条文本，还经常会在司法的日常语言中使用“这是法律的规定”等类似的话语。毋庸置疑，在通常情况下，如果法官的言说内容符合法律的明确规定，那么法官不必为此提供更深程度的论证，或者说，他的论证负担将会减轻许多。对此，孙斯坦指出：“规则大大减少了其所约束的人们以及需要对其加以运用和解释的人们之间的分歧。一旦规则发挥作用，我们就无须探究高层次的理论来了解规则的内涵，以及是否它们具有约束力。”① 也就是说，对于符合既定法的观点，如果没有受到质疑，我们就应当认定其可以接受。而只有当正式法源中没有相关规定时，法官可能才会诉诸非正式法源，毕竟，非正式法源所能提供的权威依据与正式法源是不可同日而语的。

在当前中国司法权威本身不足的情形下，我们经常可以看到一些法官在一些非正式司法程序的语境下使用一些政治话语，引用或表达一些有影响的政治意图。对此，我们可以将其理解为司法期望借助于政治而获得更高的权威，因为在中国，政治的功能和影响力都是无可比拟的。但是，这种借助政治权威的做法并不适用于所有的场景，越是底层社会，政治对老百姓个体的影响力就越弱。就基层法院法官而言，他们需要直接接触案件当事人，而政治对很多老百姓而言，则是大而化之，无法对当下的具体案件形成直接影响，此时法官不需要或者也不太可能从政治那里获得当事人信任的权威。因此，基层法院的法官要比更高层级法院的法官更少地使用政治话语。而相比较而言，各国的最高法院都更像一个政治机构。② 这一点也得到法官的认同。孔祥俊法官说：“一般地说，法院的层级越高，裁判中的政治和政策考量就越重要，裁判中的法律适用越具有灵活性和创造性。反之，法院的层级越低，

---

① ［美］凯斯·R. 孙斯坦：《法律推理与政治冲突》，金朝武等译，法律出版社2004年版，第132页。

② 关于最高法院的政治性质，参见［美］理查德·波斯纳：《法官如何思考》，苏力译，北京大学出版社2009年版，第248页。

固守法律规则的色彩越浓厚，法律适用的灵活性越小……尽管在具体的程度和形式上或许有差别，但这是各国司法的共同现象，我国司法也有其特色。”①

除此之外，在具体的修辞策略选择上，法官也可以通过不同修辞技巧的运用，使自己的言说内容呈现出来更多的“权威感”。例如，法官为使当事人接受某种观点，可能会向当事人施加压力。当然，这种施压有效的前提是法官已经具备了一定的权威，如果法官在当事人面前完全无权威可言，其施压也不会有效果。根据学者刘亚猛的研究，对听众施压的最含蓄、也最有效的方法是，暗示自己所主张的观点或做法：要么是不言而喻或不言自明的真理，要么是所有思维正常、富有理性的人一致同意的，要么是所有富有人性的人会不加考虑就予以接受的，等等。这一暗示使得任何受众成员在其表达异议之前都不得不有所顾虑，担心自己是否真的不明事理、思维失常、违反人性或者会被别人看成这样。② 换句话说，如果法官成功地造成一种印象，即自己的观点具有“基于理性的不证自明性”③，则听众就将由于所面对的显然是使人不得不从的真理而中断自己就是否接受论点进行思考。④ 在此，听众虽有思考和选择的自由，但由于理性本身的压力而不得不放弃他的所有疑问。就法官与听众的对话而言，有时，为了说服的需要，法官不应听任听众不理性地，甚至是任意地处置自己的权利，如果有需要，他应依据法律的规定提出明确的观点，并要求当事人尽可能接受，这就是所谓的“以理压人”。

三、我们距离“真理”有多远？

司法过程中是否存在唯一正确答案，如果有的话，我们是否能借助于可

① 孔祥俊：《裁判中的法律、政策与政治——以知识产权审判为例》，载《人民司法》2008年第13期，第24页。

② 刘亚猛：《追求象征的力量》，生活·读书·新知三联书店2004年版，第114页。

③ Chaim Perelman and L. Olbrechts-Tyteca, *The New Rhetoric: A Treatise on Argumentation*, University of Notre Dame Press, 1969, p. 32.

④ 刘亚猛：《西方修辞学史》，外语教学与研究出版社2008年版，第328—329页。

靠的方法和途径寻找到这种唯一正确答案，这一直是司法领域的一个重要问题。把这个问题放在修辞学背景下就成为：法官借助于修辞所要说服对方接受的观点，是真理性质的吗？或者，它距离真理有多远？

借用一个真实的例子来说明我们的困惑。一位法官向笔者讲述，他们遇到了一起交通肇事案件：一辆轿车与一辆三轮车发生了碰撞事故，轿车里面的四个人是堂兄弟，三死一伤。交警认定双方对等责任。三轮车的驾驶员和车主都是当地普通农民。这个案件原告主张的赔偿数额对作为另一方责任人的农民来说是一个天文数字。原告家里的境况非常悲惨，但是农民确实也拿不出足够的钱来赔偿。尽管如此，法官还是希望能够尽力促成调解。法官向原告家庭传递的信息大致是：如果法院直接判决一个很大的赔偿数额，但是执行不了，死者及其家庭的利益还是无法保障。而向被告方传递的信息则是：如果能够多方筹措资金积极赔偿，求得原告方的谅解，就可以从轻或减轻处罚。最终，在法官的调解之下，死者家属拿到十几万元的赔偿款，被告被判处有期徒刑三年，缓期执行。从这个案子中我们可以发现，法官向双方当事人传递的信息都是真实的，但却呈现出不同的价值取向，对双方当事人产生说服的效果在方向上也是完全相对的。这是“背靠背”调解普遍存在的现象。在此笔者产生了一个疑问，为什么法官希望极力促成调解？在他看来，这是解决双方纠纷最佳的方案吗？法官回答了我的疑问，他说，之所以遇到这种案件都希望能够促成一方的积极赔偿换取相对较轻的刑事处罚，主要是根据法官多年处理案件的经验和体会。有些受害人在案件审理当时明确表示拒绝对方以换取谅解为前提的积极赔偿，只要求法律给对方应有的法律制裁，但事后往往会后悔。例如，一位60多岁的老人在一起因为果园承包引发的家族的矛盾中被砍成重伤，他明确向法官表示，虽然自己家庭困难，但是本族的人说了，他是因为家族的利益而受伤的，他们会承担他的医药费。后来，被告被判刑入狱，老人的生活境遇非常悲惨。他说很后悔没有多要些赔偿，他的病有很多后遗症，家族里的人一看要花很多钱，就都不管他了。正因为有了这类经验，法官才认定，说服当事人接受赔偿是一件正确的事情，因而才会积极努力促成调解。

从这个案件中我们可以看到，司法过程中的或然性因素给法律修辞提供了适用的必要和空间。但是，几乎所有或然性问题都伴随着人们的主观价值判断，因此通过修辞所实现的真理只是相对的，是依赖于说话人和具体语境的。换句话说，修辞意义上的真理的有效性似乎只是一个领域内的概念，而不是一个领域间的概念。而评估标准是领域依赖的。试想，在上面这个案件中，如果受害人经济条件非常好，可能法官也不会极力说服他接受对方以换取谅解为目的的经济赔偿。“事实上，大多数价值都具有特定性，因为它们都只被一个特定的群体所接受。人们认为被称为普遍性价值之普遍性体现在很多方面，然而，这种普遍性倒不如说仅仅是人们寻求普遍同意的一种渴求而已，因为当一个人想把一种这样的价值运用到具体情形中时，其普遍性很快就消失了。”① 在现代社会，当人们发现价值与价值之间越来越不能通约，很多法律问题就会集中到价值的讨论上，但是价值判断的逻辑是不存在的，因此修辞学不得不在追求真理的道路上另辟蹊径。

在新修辞学看来，修辞并不是使真理有效，而是本身就具有唤醒人的作用，或者说是创造真理的；通过执着（修辞）的努力，人的认识越来越肯定。因此，真理并不是先天存在的东西，而是人们在修辞活动、修辞交流中生成的那些肯定意见。② 多年前，苏力教授的一项实证研究表明，“所谓‘公平’，在基层法官眼中，主要不是……制定法规上的公平，而更多是社区舆论中的评价，以及当事人双方认可的标准”③。然而，这并不意味着修辞学在探索真理的道路上有所退却，“修辞学自最古老的传统以来就一直是一种真理主张的唯一倡导者，这种主张保卫可能的、似真的、能说服日常理性的东西。它与科学的要求正好相反，这种要求认为只有能够被证明和检验的东西

① Ch. Perelman, *The New Rhetoric and the Humanities: Essays on Rhetoric and Its Applications*, D. Reidel Publishing Company, 1979, p. 15.

② 李显杰：《从现代到后现代：当代修辞学理论辨析》，载《华中师范大学学报》（人文社会科学版）2004 年第 3 期，第 98 页。

③ 苏力：《送法下乡：中国基层司法制度研究》，中国政法大学出版社 2000 年版，第 274 页。

才能被接受为真理”[①]。

在各种修辞手段和策略中，对作为修辞前提的共识的选择是促进结果真理性质的最重要保障。通常来说，为社会公众普遍认同的事实和真理，将成为修辞的最佳起点。社会上普遍存在的惯性因素形成了人们对待特定问题的一致性期待，人们对期待稳定性的预期要求我们不能随便进行改变，这一原则构成了我们智识生活与社会生活稳定性的基础。但是，这并不意味着所有的惯性因素都是一成不变的，并非任何事实和真理都永远具有事实和真理的效力，随着社会的发展，一些惯性观念会受到挑战，但是，提出质疑或要推翻先前惯性因素的必要条件是提出有说服力的理由。这意味着即使要对现有的事实或真理提出质疑甚至完全推翻时，修辞者最终还必须依据一些确定的事实或者确信的观念，只有不断论证，才能使其具有令人确信的效力。

在具体司法过程中，法官无暇准备一个一般性的和广泛性的论证，当法官共同裁决某个案件时，他们经常需要找到在某个关键问题点上的共识以及一些可以接受的妥协。正如我们没有价值判断的逻辑规则一样，在司法过程中，在法官与其听众对话之前的任何先在的途径都无法为我们实现特定案件中的真理。因此真理并不是单向产生的，而是一种合意，是从合作性的对话交流中产生的。此时，“论证的说服力实际上并不在于其形式，而是在于其内容的协调和其推理前提与听取论证者所接受的深层次思想的接近程度。”[②]从这个意义上说，一个社会人们法治观念的同质性越强，或者说，在法律职业尤其是法官职业群体内部的同质性越强，则可期待的说服越容易实现。

新修辞学给了我们完全不同于以往的关于真理的理解，在这里，真理的神圣性大大弱化，真理的传播从一种先在理念的被动传递变成了一种动态或曰双向交流中的现实生成。但是，这并不意味着它对促进人类追求真理的道路上贡献轻微。虽然修辞学使一些比如情感手段等方式在追寻真理的过程中

---

① ［德］伽达默尔：《哲学解释学》，夏镇平、宋建平译，上海译文出版社2004年版，第25页。

② ［法］雅克·盖斯旦、吉勒·古博：《法国民法总论》，陈鹏等译，法律出版社2004年版，第44页。

发挥了有效的作用，但这些手段的使用目的正是要从根本上提升论证的说服力。

小　结

司法过程中存在的各种不确定因素凸显了人类理性的局限，当我们没有了超越于对话主体的外在价值评价标准，包括裁判在内的各类司法产品的可接受性就值得担忧。现在，任何法治国家都无法单纯依赖国家暴力来保证法律的实施，司法的权威和实际效力是与其被认可的程度密切相关的。既然真理的产生依赖于“在每次个人思虑与集体意见交流，以获致合理决策的过程中”，修辞的意义就极为突出，它使得法律与政治获得了方法上的同一性。[①]这对当前的中国司法可能是非常重要的。虽然修辞常常存在于人类理性所不及的领域，但它又体现了“一切理性行为的本质方面”[②]，这种看似矛盾的表述，正是修辞所要通过理性的方式在或然领域建构一种确定性的努力，毕竟，经得起质疑和检验的言论要更加可信。

---

① 廖义铭：《佩雷尔曼之新修辞学》，唐山出版社1997年版，第303页。

② 洪汉鼎：《诠释学与修辞学》，载《山东大学学报》（哲学社会科学版）2003年第4期，第15页。

第五章　修辞论证的司法适用场景

在司法领域，很多问题的法律答案存在争议，这几乎成为一种常态。司法的现实给人们提出了难题：一方面，司法裁判过程充满了不确定性；另一方面，人们对司法合理性的追求也从未停止，毕竟，在现代法治社会，一种规范性陈述的效力总是与其自身的合理性密切相关的。因此在司法实践中，法官不仅要通过判决书阐明自己的裁判结论，还需要说明这种结论从何而来，尤其是对于争议较大的疑难案件，法官必须进行详细而缜密的论证。在这一过程中，对法官的论证工作提出最大挑战的，可能并不在于推理过程的逻辑验证，而在于在某些或然性问题上，如何证明自己裁判的正确性。这给予了修辞广阔的适用空间。因为修辞的价值功用便在于"对无法定论的问题作出最佳结论、为无法解决的问题找到解决办法，为人类活动中在需要作出决定又无固定办法的关键时刻找到办法的方法、策略和研究原则"①。而修辞作为具体的论证方法，其作用则在于帮助法官在特定案件的裁判中增强说服力。具体而言，在法律论证的过程中，法官至少可以在事实叙事、法律适用与情理说服三个方面借助于修辞方法以增强判决的可接受性，实现论证目的。

一、事实叙事

无论是立法的过程还是司法的过程，都必须围绕事实来进行。立法的前

---

① 转引自温科学：《20世纪西方修辞学理论研究》，中国社会科学出版社2006年版，第60—61页。

提是对各类事实的清理分类，而司法过程的首要步骤就是认定事实。可以说，事实是适用法律的逻辑起点。但是，事实永远不会自动呈现于法官面前以供法律适用，进入法律程序的事实是千奇百怪、纷繁复杂的生活事实，法官必须先在其中进行搜寻判断，认定事实后才能裁判案件。根据学者武宏志等的考察，公元前350年的《亚历山大修辞学》（*Rhetoric to Alexander*）就曾专章讨论了诉讼中提供事实的证据，例如或然性事实、确切性证据、推证证据、或然性证据、反证证据以及包括证言、誓言、供词等在内的言辞论据，是一个以论式为主轴的法律修辞学体系，是以法律事实证明为重心的法律修辞学。[①] 法官要证明自己判决的合理性，也必须对作为推理小前提的案件事实的认定结果进行论证。我们可以将司法过程中的事实分为几类：案件的原初事实，即真实发生的客观事实；当事人所主张的事实；证据事实，即证据所能证明的事实；案件事实，即法官认定的据以进行裁判的事实。法官进行认定的最终"事实"并不是其他事实，而是对待决案件的裁判有法律意义的事实。[②] 法官认定事实的过程就是从当事人所主张的事实出发，筛选证据事实，最后认定案件事实，当然，法官期望其认定的案件事实能够接近原初的客观事实。

既然原初事实是无法复现的，法官认定的案件事实的出发点只能是双方当事人对事实的描述。对具体案件，基于不同立场的双方当事人会极力使事实按照有利于自己的样态呈现在法官面前，其中，对客观事实的歪曲描述自是不可避免的。因此，尽管客观事实只有一个，法官所面对的事实描述却经常是千差万别的。法官要从这些可能包含有欺骗歪曲的事实描述中认定案件

---

① 武宏志、张海燕：《论式：修辞学、辩证法和逻辑学的关系纽结》，载《山东大学学报》2011年第5期，第116页。

② 梁慧星：《裁判的方法》，法律出版社2003年版，第11页。事实上，事实问题与法律问题虽然在理论上是不同的，但在实践中往往是不可分的。一方面，我们说法律事实是法律关系产生的前提；另一方面，又说只有引起法律关系的产生、变更、消灭的才能称为法律事实。可见，不适用法律规则就不能获取相关事实，而没有相关事实为基础就不能发现法律规则。或许正如恩吉施所说，适用法律的过程本来就是一个目光往复流转的过程。在本书中我们之所以要将事实叙事的过程与法律适用的过程进行区分，是因为修辞方法在两个层面所发挥的作用有所不同。为了更好地叙述修辞论证方法在不同场景的应用，我们将二者分而论述。

事实，便不能完全依赖当事人叙述，还需要运用自己的知识与经验进行分析考察。由此可见，事实的确认过程并不只是一个关涉证据法规则的问题。法官在认定事实的过程中会面临各种困难，不仅证据可能缺失，法官的认识能力有限，而且证据规则的理解和实施也留有法官自由裁量的空间，法官的“前见”必将参与事实的认定过程，“事件的回复性重建，是从诠释者自己的知识出发的”①。认定事实的过程是一个开放的过程。正是在此意义上，季卫东教授说，“程序开始之际，事实已经发生，但决定胜负的结局是未定的。这……给个人留下了获得新的过去的机会”②。因此，虽然在司法过程中案件当事人、证人、律师都在不断地以自己的前见为基础对事实进行过滤和描述，但是，事实的认定最后是由法官完成的，法官的个人倾向对认定结果更具有实质性意义。同时，个人倾向必然伴随着或多或少的任意性因素，法官要表明自己的裁判过程没有或看起来没有这些任意性因素，就必须说明事实具体认定过程的合理性。进一步说，各种证据所能证明的都只能是零碎的事实，这些零碎的、片段式的事实之间总是存在空白，法官需要通过对事实的解释填补这些空白。而任何事实的认定过程一旦体现在判决书中，所有的空白都消失了，法官的事实叙事是以真实、唯一且无疑义的面貌出现的。这种叙事过程正是在修辞的帮助下完成的。法官的修辞叙事的结果，不但将证据所形成的事实的点或段连接起来，也遮盖了空白事实内含的不确定性。

具体而言，法官的事实叙事可以借助于很多修辞方法，例如对关键事实的选择、对事实的不同界定，以及事实推定等。对于一项没有争议的事实，不同表述可以使其看起来具有实质性的差异。例如，对于刑事案件中犯罪嫌疑人刺死受害人的行为，法官将其表述为“穷凶极恶”，还是“奋不顾身”，抑或“被逼无奈”，将可能导致对行为性质不同的评价。在具有多个证据事实的案件中，法官可能需要使用选择事实的修辞策略，对该案件存在的多个

① 龚群：《生命与实践理性——诠释学的伦理学向度》，中国社会科学出版社2004年版，第232页。

② 季卫东：《法治秩序的建构》，中国政法大学出版社1999年版，第19页。

证据事实按照自己的意愿进行排列组合。在著名的麦克劳夫林诉奥布莱茵案中，法官对案件的关键事实进行了有目的的选择。在此案的诸多证据事实中，原告律师主张的关键事实是：被告的主观过错、被告的疏忽行为、被告造成的事故、原告的精神损害。而法官对诸判例案件总结的关键事实则是：被告的主观过错、被告的疏忽行为、被告造成的事故、原告的精神损害、原告精神损害发生或几乎发生在事故现场。如此，法官得出结论：由于原告精神损害不发生在事故现场，而是在事故发生两个小时之后的另一地方医院，该案缺少判例中的最后一个关键事实。于是初审法院判决驳回了原告的诉讼请求。[①] 可见，相同的可证实的事实在被认定的过程中，由于各要素的重要程度不同，可能组成不同的最终认定事实。而各要素的重要程度如何判断，必将依赖于法官对案件的理解，我们可以说，这种对事实的选择“并非不是故意的”。学者刘亚猛曾提出事实叙事中的一种修辞方法，“在讨论该事实的语境内突出强调某些特殊情况和考虑因素”[②]。这与选择事实的修辞方法在本质上是一样的，因为对某些特殊情况的强调也就加重了某些事实的权重，从而导致了选择事实结果的不同。

在各种事实叙事的修辞策略中，事实推定是比较特殊的一种，它适用于一些现有证据无法确证关键事实的案件。但是，事实推定的使用仍必须建立在证据事实的基础上，即对于关键事实，在没有直接证据的情况下，应依据间接证据，辅之以逻辑规则、经验法则或者法律规定进行事实的描述。除了法律明确规定的事实推定[③]（例如宣告死亡制度）以外，事实的推定都应细致考量案件性质、日常经验等因素。由于经验法则等所体现的只是一种高度盖然性事实，因此在一定意义上说，以此为基础的事实推定也是一种事实叙事的修辞策略。

在凌某被控故意杀人的二审案件中，法官在事实认定部分依据证据，结

---

① 刘星：《法律是什么》，中国政法大学出版社 1998 年版，第 57—58 页。

② 刘亚猛：《追求象征的力量》，生活·读书·新知三联书店 2004 年版，第 64 页。

③ 法律明确规定的事实推定其实更应归于法律推定的范畴，而不仅仅是一个事实问题。

合经验法则，进行了如下认定：本案中，上诉人凌某与被害人吴某某进行打斗后，跳窗逃跑，其摔倒在地时，手中还握有带血的单刃尖刀；法医物证鉴定意见书证实，凌某所持单刃尖刀刀柄上的血迹及凌某裤子、鞋子上的血迹均来自吴某某的可能性大于99.99999999%；法医学尸体检验鉴定书证实，被害人吴某某系因被锐器作用于左后颈部造成颈上段骨髓完全横断致中枢神经功能障碍死亡，双手损伤属抵抗伤。上述证据相互印证，互为补充，紧密结合，构成完备的证明体系，客观上指向凌某实施了剥夺他人生命的犯罪行为。凌某辩称与被害人发生性关系后，给了被害人一张面值为50元的人民币，但是现场勘查笔录证实，案发现场并未发现面值为50元的人民币；凌某辩称被害人持刀对其实施抢劫，但是现场勘查笔录、公安机关出具的情况说明证实，被害人身上有人民币700余元，而凌某身上只有2元人民币；凌某辩称在反抗时，抓住被害人握刀的手刺伤了被害人的左肩部和右肩部，但是法医学尸体检验鉴定书证实，被害人左后颈部、右面颊部、下颌部、右前颈部、胸骨上缘有多处单刃锐器伤口，双手损伤属抵抗伤。凌某作为一名青年男子，辩称遭到被害妇女抢劫，不合常理，有违生活经验法则，且与现有证据不符，不足采信。凌某持刀不计后果地多次捅刺被害人面部、颈部、胸部等要害部位，主观上明显具有致被害人死亡的故意，客观上造成了被害人死亡的结果，其行为构成故意杀人罪，依法应当承担相应的刑事责任。凌某归案后，推卸罪责，称遭到被害人抢劫后正当防卫，没有悔罪表现。[①] 此案中，法官正是以“通常一名健壮男子不会遭到妇女抢劫”“捅刺被害人面部、颈部、胸部等要害部位是具有致死的故意”这些经验法则，结合现有血迹鉴定、尸检结论等证据，进行了事实认定，增强了事实认定理由及结果的可信性。

可见，在法官的事实叙事过程中，修辞所扮演的角色不是简单的语言修饰，也不是通过雄辩的姿态说服听众接受判决结果，它已经超越了一种外在

---

① 凌某故意杀人案，广东省高级人民法院（2013）粤高法刑一终字第460号刑事裁定书。

于内容的技巧，而是以事实本身的面目出现，可以说，是修辞建构了历史和事实，一个完整的、有意义的案件事实只能在修辞中形成。[①] 在日常生活中，我们经常说“事实胜于雄辩”，然而此时修辞发挥了更为重要的作用。事实对修辞的依赖，可能使事实的真相变得更不确定，但是，“从积极方面说，经受了争议和辩难的层层考验而后被接受的‘事实宣认’比起那些被不加审视、不加分析、轻易接受的宣认在多数情况下肯定更可靠、更接近真相。”[②] 因此，我们并不能认为修辞的存在导致事实的叙事完全无法捉摸。从根本上说，任何关于事实的修辞都需要某种确定性作为其说服力的基础和目标，而这种确定性的重要来源之一便是其他可被证实的事实。在认定事实的过程中，事实既是修辞的出发点，也是修辞的归宿。因此，修辞并不可能是随意的，虽然语言的运用无法保持中立，需要服务于修辞主体的意图和目的，修辞的运用仍必须以证据事实为基础。关于在裁判文书中如何进行案件事实的修辞论证，本书将在第六章论述。

二、法律适用

在认定事实之后，法官需要寻找适用于该事实的法律规范以作出最终的裁判，同样地，法官也需要在判决书中写明其适用法律的理由，对于疑难案件的裁判，法官尤其需要论证。在很长一段时间，人们主要依赖形式逻辑（主要是三段论推理）来建构裁判的客观性。但是，逻辑证明的有效性只是体系内的。在很多时候，有待证立的命题不是从引用作为证立根据的命题中逻辑地推导出来的，因此，如要进行论证，则既要保证人们对每一个证明步骤的认同，也要保证人们对其前提的认同。修辞作为法律论证方法的出现，其初衷便是对传统逻辑方法的补充。

作为新修辞学代表人物之一的佩雷尔曼将修辞运用于法律论证领域，希

---

① 刘燕：《案件事实，还是叙事修辞？——崔某杰案的再认识》，载《法制与社会发展》2007年第6期，第53页。

② 刘亚猛：《追求象征的力量》，生活·读书·新知三联书店2004年版，第64—65页。

望能够弥补形式逻辑的不足。在佩雷尔曼看来，法官应说明法律，而且需要在符合社会感受的方式下说明。这是因为法官的使命在于建立法律和平，而这种和平只能在当事人、公众以及他的上级相信他已公平地审判时才能实现。对于这一使命，法官必须在某种价值判断的指引下实现，这种价值判断的准则就是“合理的”“可接受的”“社会上有效的”等原则。[①] 因此，修辞方法并不是为人们揭示必然性的真理，更重要的在于以理性的方式使人信服某种观点。而只有对话双方有共同的出发点，对话才可能产生并有效地进行下去。因此，共识是修辞论证的出发点也是目标，从某个基础性的共识出发，经过修辞论证后达成新的共识。通过修辞论证，得到人们认可和接受的观点将得以保留，而将被拒绝的因素排除出司法过程。

进而言之，法官以何种共识作为修辞论证的出发点呢？当涉及具体案件时，这个问题就更难以回答。因为越是抽象的价值越容易得到认同，而当抽象的价值放到特定的案件中，便有可能造成具体价值的冲突。对此，佩雷尔曼认为应该根据修辞所针对的具体听众选择不同的共识作为修辞论证的起点。对于特定听众，他们已经形成了特定的共识，这种共识支撑了其行为方式或习惯。要说服特定听众，就必须首先认同业已存在的共识，即接受其特定的思想理念、行为规则等，以此为出发点，寻找恰当的修辞方法进行说服。针对普泛听众，对修辞者最为有力的支持，在于心理与社会上的惯性因素。[②] 对于人们普遍持有的观点，通常法官也应坚持，因为这种坚持背后体现的是社会和人们精神生活的稳定性，如果法官要放弃或改变这种观点，则必须进行有效的证立。事实上，法官并不愿意承担这一繁重的证立负担。很多时候法官已经改变了一些惯常规则，他仍会通过修辞表明自己的判决其实并没有进行实质性改变。典型的例子就是推翻先例的法官，会指出其并不是在修改法律，而只是按照法律本来的意蕴区分了待决案件与先例的实

① 沈宗灵：《佩雷尔曼的“新修辞学”法律思想》，载《法学研究》1983年第5期，第79页。

② See Chaim Perelman and L. Olbrechts-Tyteca, *The New Rhetoric: A Treatise on Argumentation*, University of Notre Dame Press, 1969, pp. 102 – 105.

质不同。

其实，共识的选择不仅要考虑听众，还要根据特定的语境进行选择。往往越是抽象的价值概念就具有越为丰富的含义，法官便可以在具体的案件中以各种各样的方式进行阐释，这样，法官就可以将广泛接受的价值概念在不同的案件中进行具体化。[①] 例如，在1926年的人民诉迪福奥案中，卡多佐所在的法院重新确认了，根据纽约州的法律，警察非法取得的证据仍然可以在刑事审判中采用。此案发生的背景是，1914年美国最高法院通过威克斯案在联邦案件中采用了非法证据排除规则，但很长一段时间内这一规则在各州还不适用。因此在这一问题上即使是在普遍层面仍有实质性的争议。卡多佐在判决书中写道，如果排除这种证据规则，"罪犯会因为警官犯了错误就逍遥法外"。在文中用"警官"（constable）代替"警察"（policeman）。"警官"让读者想起不带武器的英国警察，他们同粗野的美国警察是如此不同。如此一来，警察滥用权力就显得微不足道，甚至显得滑稽可笑。并且卡多佐的警官并不是一个穿着制服的坏人，而是犯了错误的人——一个吉尔伯特和沙利文式的警官的失误不会让任何人觉得是对个人自由的威胁。[②] 在此，卡多佐正是从听众在"警官"以及"犯错误"等概念上的共识出发，将这一共识扩展到自己的论域，这其实是要求听众将本来建立在小范围的共识扩展到更大空间，这种共识范围的扩展是非常自然而有效的，如此才能说服人们在这样一个具有争议的问题上接受自己的观点。

可以说，"是论证所面对的特殊论域及其中的论题最终决定了具体共识的内容，从而这种具体内容才能够成为决定修辞策略的出发点"[③]。在法律论证过程中，法官就是在尽可能多的双方共同感兴趣的问题上与听众"求同"，

---

① ［荷］菲特丽丝：《法律论证原理——司法裁决之证立理论概览》，张其山等译，商务印书馆2005年版，第51页。

② ［美］理查德·A. 波斯纳：《法律与文学》，李国庆译，中国政法大学出版社2002年版，第370页。

③ 孙光宁：《寻求可接受的修辞论证——兼评〈新修辞学〉》，载陈金钊、谢晖主编：《法律方法》（第九卷），山东人民出版社2009年版，第273页。

为的是换取听众在某一可能有分歧的关键问题上按照自己的意愿“去异”，争取听众在有争议的问题上认同自己的观点。[①] 在这一过程中，选择何种共识作为修辞论证的出发点，采取何种修辞策略，都需要根据具体案情进行有针对性的调整，而且不能泛泛而谈、一概而论，如此，修辞才可能达到预期的效果。

在甘某诉暨南大学一案[②]中，双方争议的焦点问题是甘某抄袭他人论文作为考试论文的行为是否属于相关规定中的“剽窃、抄袭他人研究成果”。甘某及其辩护人提出，甘某作为暨南大学2004级硕士研究生在修读学位课程现代汉语语法专题时，先后两次上交的课程论文存在抄袭现象属实。该课程考试形式是以撰写课程论文方式进行的开卷考试，抄袭他人论文的行为违反了考试纪律，应按违反考试纪律的规定给予处分。但这种抄袭行为并不是《普通高等学校学生管理规定》第54条第（5）项和《暨南大学学生管理暂行规定》第53条第（5）项规定所称的“剽窃、抄袭他人研究成果”的违纪行为。暨南大学适用《暨南大学学生管理暂行规定》第53条第（5）项规定给予开除学籍处分认定事实不清、适用法律不当、处分程序不合法，且处分明显偏重。暨南大学答辩称：学期课程论文作为研究生修读课程的考试形式之一，也是研究生在学习期间研究成果的一部分，研究生理应严格认真对待。甘某连续两次的抄袭行为已经严重违反了《高等学校学生行为准则》《普通高等学校学生管理规定》以及《暨南大学学生管理暂行规定》，丧失了作为一名学生所应有的道德品质，应按照《暨南大学学生违纪处分实施细则》进行处理。即便如申请人所述，其行为属于考试作弊行为，而根据《普通高等学校学生管理规定》第54条第（4）项的规定：“由他人代替考试、替他人参加考试、组织作弊、使用通讯设备作弊及其他作弊行为严重的”，仍然可以给予申请人开除学籍处分。

---

① 刘亚猛：《追求象征的力量》，生活·读书·新知三联书店2004年版，第112页。

② 关于本案详细案情，见甘某诉暨南大学案，最高人民法院（2011）行提字第12号行政判决书。

针对这一问题，最高人民法院认为，《暨南大学学生管理暂行规定》第53条第（5）项规定，剽窃、抄袭他人研究成果，情节严重的，可给予开除学籍处分。《暨南大学学生违纪处分实施细则》第25条规定，剽窃、抄袭他人研究成果，视情节轻重，给予留校察看或开除学籍处分。暨南大学的上述规定系依据《普通高等学校学生管理规定》第54条第（5）项的规定制定，因此不能违背《普通高等学校学生管理规定》相应条文的立法本意。《普通高等学校学生管理规定》第54条列举了七种可以给予学生开除学籍处分的情形，其中第（4）项和第（5）项分别列举了因考试违纪可以开除学籍和因剽窃、抄袭他人研究成果可以开除学生学籍的情形，并对相应的违纪情节作了明确规定。其中第（5）项所称的“剽窃、抄袭他人研究成果”，系指高等学校学生在毕业论文、学位论文或者公开发表的学术文章、著作，以及所承担科研课题的研究成果中，存在剽窃、抄袭他人研究成果的情形。所谓“情节严重”，系指剽窃、抄袭行为具有非法使用他人研究成果数量多、在全部成果中所占的地位重要、比例大，手段恶劣，或者社会影响大、对学校声誉造成不良影响等情形。甘某作为在校研究生提交课程论文，属于课程考核的一种形式，即使其中存在抄袭行为，也不属于该项规定的情形。因此，暨南大学开除学籍决定援引《暨南大学学生管理暂行规定》第53条第（5）项和《暨南大学学生违纪处分实施细则》第25条规定，属于适用法律错误。

在本案中，最高人民法院依据对《普通高等学校学生管理规定》立法原意的考察，认为甘某抄袭他人论文的行为不应该属于“剽窃、抄袭他人研究成果”的行为，换句话说，所谓“剽窃、抄袭他人研究成果”行为本身应具有以申请学位或发表为目的，即根据行为目的的不同，此案中甘某的抄袭行为应界定为“作弊”，而非“剽窃、抄袭”。这种认定给予立法目的的考察，有一定的合理性。法官在进行论述时，考虑到了案件当事人和律师的意见，修辞论证方法具有针对性。同时，此案发生于高等院校之中，学界对抄袭问题尤为关注。此案中法院将抄袭行为界定为作弊的裁判引发了广泛的讨论。[①]这表明此案争议点本身就是一个价值可做不同评价的问题，也表明，此案的判决实际上并未在最大限度上实现共识。

根据修辞学理论，双向对话式的修辞接触比单向的修辞接触更容易获得好的效果。因为通过和听众的对话，修辞者可以掌握修辞活动的进展，并按照自己的目标对对话过程进行直接而有效的干预，从而在交流过程中得到加权。判决书的写作过程中，法官无法获得听众的真实回应，从而也就无法根据听众的反馈选择后续的修辞策略。然而，这并不意味着法官的论述是纯粹单向的，法官总是在想象中预先设定各种可能的问题，并在论述中一步步回答这些问题，从而在判决书这样一种静态的中介中完成与听众的互动。

三、情理说服

一般而言，法官是无须为自己的裁判进行道德或情感上的论证的。因为道德虽然与法律具有密切的联系，但不能替代法律。尤其是在司法领域，无论人们能否在心理上真正接受法官的裁判，都不会影响其在法律上的效力。但是，如果我们考虑到当事人对裁判的接受程度对判决的经验性效力的影响，问题便不那么简单了。很多时候，如果案件当事人无法从内心真正接受法官的裁判，会导致判决执行困难，损害司法的权威，有时甚至会导致当事人作出过激行为，从而造成恶劣的社会影响。考虑到这些因素，我们对司法裁判的可接受性程度的要求，似乎需要更进一步了，即在某些案件中，法官需要在道德伦理人情等方面对裁判进行论证，从而达到使当事人在情感上接受裁判的目的。

---

① 关于本案的争议性观点，参见陈金钊、杨铜铜：《重视裁判的可接受性——对甘露案再审理由的方法论剖析》，载《法制与社会发展》2014 年第 6 期；蔡琳：《不确定法律概念的法律解释——基于“甘露案”的分析》，载《华东政法大学学报》2014 年第 6 期；吕玉赞：《案件说理的法律修辞方法选择——以甘露案再审判决书为例》，载《东方法学》2015 年第 1 期。

在此，我们首先需要面对的一个问题是，法官所拥有的司法权威是否会成为情理说服的障碍？或者，我们要求法官进行情理上的论证，是不是对司法权威的挑衅？其实，权威与说服是不矛盾的。只要我们不将司法裁判仅仅视为国家权威的宣示，公众的认可和接受就是应该追求的目标。而且，从另一意义上来说，法官作为司法者所拥有的权威也有助于加强法官的说服效果。因为，当司法者在法律上的地位超越了作为听众的其他群体，同时，司法者又掌握着其他群体所不具备的丰富的法律专业知识，听众完全有可能由于对法官的信服而在其尚未提出充分理由的情况下，就毫不勉强地接受其本来存疑的观点。当然，很多时候法官的权威并不足以说服听众，尤其是不足以说服案件当事人。因为案件当事人往往处于利益冲突的双方，法官单纯对法律问题的论证可能并不足以达到说服的目的。此时，法官就需要运用其他的修辞策略，其中，情感手段是非常特殊的一种。

人们通常认为，司法活动是法官代表国家意志进行的裁判活动，法官在进行判决书的写作时应排斥任何主观情绪的渗透，其语言应力求客观准确、平实质朴，避免渲染性色彩。情感修辞手段则要求修辞者必须懂得听众的心理，以便激发或控制他们的情感。听众的态度能决定修辞说服的效果。只有了解听众的心理，才能使听众的情绪和情感朝修辞者所期望的方向发展。情感手段看起来似乎与司法的精神并不相容，但如果考虑到对司法裁判社会效果的追求，情感手段便具有了特殊的意义。情感手段的运用可以在一定程度上增强判决的说服力，从而达到真正解决纠纷的目的。例如，2002 年，沈阳市中级人民法院审理了一起解除同居关系的案件，双方均不愿意抚养他们同居期间所生的孩子。法官综合考虑各种因素后，法官将孩子判给女方抚养，并在判决书结语写道，“每一个孩子都有在父母的呵护下享受幸福童年的权利。孩子是无辜的，既然给了他生命，无论有何困难，都应该将他抚养成人……”①此案中，法官对孩子抚养问题的判决无须质疑，这一判决也在当事

① 具体案情参见曲彦斌：《“判牍”语言的道德力量与“法律文化”》，载《博览群书》2004 年第 5 期，第 81 页。

人及公众的预料之中，此时法官是否还有必要使用这些充满感情的语言为自己的判决进行正当性的论证？事实上，情感手段在本案中的应用已经超越了对判决正当性的论证，而是在已经实现正当性的前提下，增强案件当事人内心对判决的认可和接受程度。因此，情感手段的应用必定不是抽象的，而是具体的，是针对特定案件的特定听众的。试想，如果本案当事人双方都抢着要孩子的抚养权，则法官自然不需多此一举。可见，对于司法过程的特定听众，有时单纯依靠法律上的说理根本无法达到说服的目的，此时情感说服就是非常有必要的。在著名的“美国银行案”的判决中，马歇尔写下了后来法律人一再诵读的名句：“我们绝不能忘记，我们正在解释的乃是一部宪法。”[①]这句话虽没有做明确的规范性陈述，却使人产生这样的信念：宪法的解释绝不同于普通法律，我们必须正视其特殊性。修辞方法在此“并不灌输关于正义和非正义的知识，而产生对正义和非正义的信念”[②]。这可能也正是修辞方法与逻辑方法相比更有优势的地方。

当然，对于情理说服的运用，法官必须保持必要的克制。这不仅是因为过于情感化的文字可能有损司法尊严，还在于过于夸张的情感手段的运用反而可能引起听众的警惕而适得其反。社会心理学认为，人们都有一种倾向，总是自觉或不自觉地维护“自主地位”，不愿意受到别人的干涉和控制。费斯廷格的实验指出，当对象觉察到外界是有意要说服自己时，往往会产生心理上的准备，从而警觉起来，对引导进行挑剔。[③]听众只有在不觉得修辞者是在耍弄技巧、诱使他们作出一个可疑的决定时，才有可能真正被说服。由此，“自我韬晦”被认为是一种重要的修辞策略。因此从某种程度上说，修辞要有效果，一个重要的因素就是修辞的过程应该看起来“天然去雕饰”，完全不像是使用了修辞手段。由此，法官需要进行情理说服的时候，

---

① McCulloch v. State of Maryland, 17 U. S. (4 Wheat.) 316 (1819).

② ［美］理查德·A. 波斯纳：《超越法律》，苏力译，中国政法大学出版社2001年版，第580页。

③ ［美］理查德·A. 波斯纳：《法理学问题》，苏力译，中国政法大学出版社1994年版，第6页。

应尽量减少修辞使用的痕迹，用最简单、可能也是最有效的方式阐述自己的意见。

小　结

修辞作为一种法律论证的方法，其目的在于获得或增强听众对裁判结果的认同，毕竟，司法裁判的过程，不仅是一个宣示权威的过程，更应是一个基于权威进而追求说服效果的过程。对于裁判的结果，法官不仅需要证立其事实叙事，还要证立其法律适用，有时，还需要借助情感手段进一步说服听众。在此过程中，修辞作为一种论证方法的存在都是具体性的，由于理解情境的特定性，不同的场景之下法官需要采取不同的修辞方法和策略。这虽然保证了修辞的有效性，但同时也可能使其滑向相对主义的深渊：如果规则只能在一个特定社会中加以论证，那么我们怎能决定整个社会是否能够被"正确"地评判为对或错，道德上可接受或站不住脚？如果每件事都视语境而定，每件事不就都是相对的了吗？① 可见，修辞本身能够诱发信仰，却不能保证信仰的真伪。法律制度的存在给我们提供了解决问题的途径。正如亚里士多德所说的那样，"真理本身往往是能战胜谬误，但在其与谬误竞争的过程中，精明的人如果有意让谬误得手，真理就必须求助于一个能尽量吸引人、能尽量说明真相的环境。"② 法律本身就是为我们提供这样一个说明真相的环境的制度。在法律领域内，任何修辞方法的运用都必须严格限定在法律的限度之内，在那些无法通过科学或其他方法精确证明的问题上追求应有的确定性。这可能也是法律修辞与其他修辞最大的区别。

---

① ［英］韦恩·莫里森：《法理学》，李桂林等译，武汉大学出版社2003年版，第385页。

② 转引自温科学：《20世纪西方修辞学理论研究》，中国社会科学出版社2006年版，第61页。

第六章　裁判文书中的案件事实论证

司法裁判主要可以分为两部分，事实认定和法律适用。事实认定是一个从法律意义上再现事实的过程，它为法律推理准备了小前提，是法律推理的逻辑起点。虽然在严格意义上法律问题与事实问题难以明确区分，但相对于法律适用，事实认定在司法裁判中更具基础性的地位。“小前提是神经，它能使在制定法及在法律大前提中包含的一般法律思想引向具体的小前提，并因此使合乎制定法的判断成为可能。”① 有了法律事实，才能启动法律推理的过程。

司法过程中的事实认定是一个经验推论过程。我们称双方当事人提出的事实为事实主张，能够被证据证明的事实为证据事实，能够被法官认定的事实为案件事实，而包含了法律评价的案件事实则为法律事实。法官进行事实认定的过程并非简单的证据堆砌，从当事人的事实主张到案件事实的认定过程不仅需要遵循复杂的证据规则，更包含了必要的价值判断。虽然法律致力于调整事实而非陈述事实，但事实的确在司法过程中被重述了。

从当前裁判文书的写作形式上看，我国法院的通常做法是将法律适用理由和事实认定理由分别进行撰写。对于法律适用部分的理由，通常是以“本院认为”的形式出现，独立成段。事实部分则包括法院认定的事实、情节和证据，在裁判文书中以“经审理查明”的形式出现。在相当长的一段时间内，学界对于裁判理由的具体内容为何并未形成一致意见，即裁判理由除了

---

① ［德］卡尔·恩吉施：《法律思维导论》，郑永流译，法律出版社2004年版，第70页。

法官根据案件事实适用法律的理由之外，是否还应包括事实认定的理由，即法官是否需要对其事实认定进行论证。实务界所关注的裁判文书说理主要指的是法律适用环节的理由论证，即针对特定案件事实所适用的法律规范及理由，不包括对事实的认定和对证据证明力的判断。针对裁判理由的具体内容，龙宗智等学者认为法官需要对事实认定说明理由，尤其是细致说明对证据的取舍及原因。① 苏力教授认为，无论是在证据认定上，还是在基于证据而对案件事实的认定上，除了因涉及法定证据标准从而转化为法律问题争议外，基本上是无法论证的。② 近年来，学者黄泽敏对案件事实的归属论证问题进行了研究。③ 学者于辉尝试了一种批判性思维的研究进路，以寻求案件事实论证的最佳结果。④ 学者杨贝将案件事实区分为再现事实、证据事实与裁判事实三个层次，提出以论证作为裁判事实的建构方式。⑤ 我们可以看出，虽然学界在事实论证问题上尚未形成通论，但这并不妨碍学者们在更深层次上展开事实论证的技术性研究。

以适当方式呈现的裁判理由具有正当化司法裁判的意义，裁判理由让司法正义“以看得见的方式实现”。深化裁判文书释法说理也是我国司法改革的一项重要内容。2018 年最高人民法院《关于加强和规范裁判文书释法说理的指导意见》中明确提出，“裁判文书释法说理，要阐明事理，说明裁判所认定的案件事实及其根据和理由，展示案件事实认定的客观性、公正性和准确性。”这就对裁判文书中事实认定的说理论证提出了更高的要求。是时候“认真对待事实”⑥ 了。

---

① 龙宗智：《刑事判决应加强判决理由》，载《现代法学》1999 年第 2 期，第 35 页。左卫民、谢鸿飞：《法院的案卷制作——以民事判决书为中心》，载《比较法研究》2003 年第 5 期，第 50 页。曹志勋：《对民事判决书结构与说理的重塑》，载《中国法学》2015 年第 4 期，第 241 页。

② 苏力：《判决书的背后》，载《法学研究》2001 年第 3 期，第 8—9 页。

③ 此研究所言的事实归属问题与麦考密克所说的事实分类，即将涉讼的基本事实进行分类处理、解释以及有效要件的认定，从而形成“有效事实”的过程颇为相似。参见黄泽敏：《案件事实的归属论证》，载《法学研究》2017 年第 5 期，第 74—92 页。[英] 尼尔·麦考密克：《法律推理与法律理论》，姜峰译，法律出版社 2018 年版，第 112 页。

④ 于辉：《案件事实论证——一种批判性思维的研究进路》，法律出版社 2018 年版，第 188 页。

⑤ 杨贝：《论案件事实的层次与建构》，载《法制与社会发展》2019 年第 3 期，第 53 页。

⑥ [英] 威廉·特文宁：《反思证据》，吴洪淇等译，中国人民大学出版社 2015 年版，第 15 页。

一、案件事实论证何以必要

（一）司法过程中案件事实认定的经验性

“司法裁判以事实为依据，事实认定以证据为依据。”[①] 司法过程中法官需要认定的事实皆是已经发生的事情，时空不可逆转，法官无法通过经验感知的方式再现过去发生的事实，只能通过对包含案件信息的证据进行推论，结合其基于当下对事实主张所持的看法，才能认定案件事实。通过折射事实的“证据之镜”[②]，法官获得了通向案件事实的桥梁。

事实认定过程主要包括举证、质证和认证三个环节。法官的工作就是通过参与诉讼的多方主体协助，从当事人的事实主张出发筛选证据以认定案件事实，证据认定是事实认定过程中最重要的环节。事实具有经验性，其依赖于语言进行陈述。在举证环节，原被告双方基于立场的不同或视域局限，对于在特定时空范围内到底发生了什么事情，可能会做不同的描述。例如，双方当事人可能从现有的证据中故意避重就轻，删减对自己不利的证据；或夸大其词，仅筛选出对己方有利的证据，并添枝加叶凸显其重要性。这样就会产生证据事实相互冲突的情况，关于事实的陈述甚至可能出现完全不同的版本。进而言之，尚不论从生活事实到证据事实的转化可能造成客观性的减损，即便是相同的证据，可以证成的事实也可能不止一种，双方当事人可以在大致相同的证据基础上向法官讲述不同版本的故事。当然，司法过程中人们也并不总是这样简单地趋利避害，正常理性的人有时也会承认某些对自己不利但又非关键的事实，因为这有可能会提高其在法官眼中的人格，从而整体上增加其说话的分量和可信度。“在当事人主导的证明过程中，自利的当事人不乏行动的动力，但他们同时也有动机去隐瞒真相。娴熟的证明技巧很可能

① 舒国滢、宋旭光：《以证据为根据还是以事实为根据?》，载《政法论丛》2018 年第 1 期，第 51 页。

② 张保生：《事实、证据与事实认定》，载《中国社会科学》2017 年第 8 期，第 110 页。

会遮蔽而不是澄清实际上发生过的事情。"[①] 对同一事件，诉讼参与者各自不同的描述看起来都是清晰无疑的，这其中既有充分的事实证据，也有各自的臆想加工。因此，事实并不是单纯由证据构成的，在证据事实形成的点与线之间，是由人们的想象加工形成的链条。

论辩阶段一旦双方当事人提出了各自的陈词，在裁决阶段，法官的任务就是审视整个案情，权衡双方提出的证据。这个阶段涉及把所有证据置入一个更大的证据群之中。[②] 这些不同版本的陈述到底走得有多远，其具有怎样的法律意义，还需要法官予以明确。在法官这里便产生了对证据相关性、可信性、证明力等内容的审查问题。因此司法过程中法官认定的案件事实，必须以证据为基础，但案件事实远不是证据事实。证据通常能够证明的只是事实的点或面，法官只能依据这些片段化、碎片化的证据事实形成对案件事实的完整描述。当法官完成了对案件事实的认定，在有些案件中，可能还需要对基本事实进行分类，从而进一步确定可适用的规范。因此麦考密克将事实分为两类：一级事实是涉讼的基本事实，二级事实则涉及对一级事实的分类处理、解释以及有效要件的认定，因而二级事实是构成适用规则所需要的"有效事实"。[③] 法律对社会生活的调整方式是以相对简单的规范调整复杂的社会事实。司法过程中的不少疑难案件，正是因为其案件事实并非法律规范中规定的典型事实，法官难以进行准确归类。

无论法官具体认定的过程如何，可以肯定的是，从证据到案件事实存在很大的跳跃。即便证据规则和证据制度规定了法官认定事实行为边界和活动范围，也主要是通过程序性规范约束法官行为，经常无法真正触及事实认定的核心决策环节。法官对事实的认定是动态和整体性的，于法官而言，有些

① [美] 达马斯卡：《司法与国家权力的多种面孔》，郑戈译，中国政法大学出版社 2004 年版，第 182—183 页。

② [美] 道格拉斯·沃尔顿：《法律论证与证据》，梁庆寅、熊明辉等译，熊明辉校，中国政法大学出版社 2010 年版，第 162 页。

③ [英] 尼尔·麦考密克：《法律推理与法律理论》，姜峰译，法律出版社 2018 年版，第 112 页。

证据以及在此基础上的事实陈述，是具有法律意义或是更为重要的，而另一些则不具有法律意义或是不重要的。只有法官认为具有法律意义的证据才能够被认可。美国学者弗兰克认为，在成熟的人类社会中，一种普遍存在的恒常性，便是司法过程中事实认定的反复无常这种恒常性；没有规则能够防止事实认定过程中的内在主观性，因此，事实即猜测。[①] 我们虽然总是避免落入事实怀疑论的窠臼，但不能无视事实认定过程中的不确定因素。如庞德所说，“对历史的书写取决于我们选择了什么样的概念判断事件的重要程度并相应地做出取舍，以及我们是根据什么样的观念对那些相互矛盾的事实证据做出判断并去伪存真。对历史的书写必然涉及某种解释，由此叙事得以展开——展现在我们面前的是整个历史中的某些画片，一些细节被有意无意地安放于其中。”[②] 就像卡尔·拉伦茨所说：裁判者在进行裁判，对具体的案件进行法律适用之前要先对案件事实进行陈述，这些案件事实往往不可能是客观存在而直接呈现的，尤其是体现在裁判文书中的案件事实，其实是裁判者在客观已知的基础上“加工合成”的，而实际上，在已经成为过去式的客观案件事实难以被还原的情况下，这样被重构的法律事实通常不能完全与裁判者的主观感受相割离。[③] 事实认定是一个动态的经验推论过程，法官的事实认定以证据为中心，对事实的发现和建构行为同时存在于司法过程中。案件事实既是被发现的，也是被建构的。

（二）社会公众对司法深度公开的期待

在我国，制定法是主要的法律渊源，司法实践中让法官们花费更多心力的不是法律适用，而是事实认定；很多疑难案件中引起争议的也并不是法律适用，而是事实问题。事实认定之难，在数量上远超法律适用之难。因事实认定出现错误而导致案件被改判或撤销的情形也多于因法律适用错误而导致

① ［美］杰罗姆·弗兰克：《初审法院——美国司法中的神话和现实》，赵承寿译，中国政法大学出版社2007年版，第408、16页。

② ［美］罗斯科·庞德：《法理学》（第一卷），余履雪译，法律出版社2007年版，第157页。

③ ［德］卡尔·拉伦茨：《法学方法论》，陈爱娥译，商务印书馆2003年版，第160　161页。

案件被改判或撤销的情形。[①] 可以说，事实认定构筑了法官在司法程序中所要攻克的第一道也是最大一道障碍。同时，由于事实陈述的经验性，与法律问题相比，社会公众通常会认为事实问题上的专业壁垒更少，自己有能力对事实问题作出判断，因此案件的事实部分更容易引起社会公众的关注和讨论。实际上，事实认定的过程与适用法律相比，至少是同样复杂甚至更具不确定性。在全社会对司法公开寄予更高期待的今天，我国已经全面实施裁判文书上网制度。如果法官只是简单列举证据并直接陈述法律事实，则无法满足公众了解事实认定过程及原委的需求，容易催生各类对司法不信任的揣测。

根据学者的研究，我国采取“以印证为中心的整体主义证明模式”[②]，因此裁判文书在事实认定部分采用“证据—事实”对应的陈述方式。例如，在一份刑事判决书中，法院在陈述认定的事实之后，写道，“上述事实，有受案登记表、户籍资料、情况说明、工作记录、归案情况说明、酒精呼气检测结果单及照片、当事人血样提取登记表及照片……被告人何某的供述和辩解、证人邵某的证言等证据证实，足以认定。”如判决书所反映的情况，证据与案件事实仿佛是完全对应的，中间不需要任何加工的思维过程。一份基层法院的民事判决书中写道：“本院对张某提交的证据认证意见为：对证据 1，无异议，本院经审查予以确认。对证据 2、3，合法性与真实性均予以确认，但均不能证实张某的证明观点，其关联性不予确认。”而后文也并没有对于证据 2、3 与张某观点的关联性不能予以确认的原因进行说明，让人不免产生疑问：当事人提出的证据与主张事实之间的关联性为何不能确认，其证明力为何不足，证据之间的内在逻辑关联是如何判断的，法官是如何根据一系列举证完成了事实确信，等等。可见，这种在裁判文书中堆砌证据然后直接得出认

---

① 耿宝建：《在法律与事实之间——司法裁判中事实认定过程的法理分析》，载《河北法学》2008 年第 1 期，第 140 页。具体相关实证研究可参见浙江省高级人民法院审判监督庭课题组：《再审发现什么——基于近年浙江省高、中两级法院再审改判与发回重审案件的实证分析》，载《杭州师范大学学报》2008 年第 5 期，第 60—67 页。

② 谢澍：《认真对待证据裁判——以张辉、张高平案为样本的分析》，载《东方法学》2013 年第 3 期，第 109 页。

定结论的陈述方式，无法有效展示各个证据在事实认定中的价值，即便法官认可每个证据都是清晰独立的，也没法一一说明每个证据对最终事实认定结果的参与或贡献程度，也无法充分展现证据事实之间的矛盾或支撑关系。

既然事实认定远非罗列证据可以说明，裁判文书中针对案件事实部分进行细化论证就是有必要的。法官在裁判文书中给出事实认定理由，意味着他已经对所陈述的理由进行了慎重检验，人们可以对司法行为及其背后的理由体系进行准确评价。如果法官对采信证据、事实认定的理由陈述不清，可以想见，只有真正参加庭审的双方当事人及法官才了解该案件具体案情如何，更多的社会大众并不能从判决书中读到其所期待的信息，更无法对其作出评价。虽然我们说法律问题和事实问题经常交织在一起，但对社会公众而言，事实问题被专业人士垄断的程度要远远弱于法律问题，相比法律问题，公众更感兴趣的，往往也是他们认为自己有能力作出判断的事实问题。如果法官只是简单列举各种证据，并由此直接得出所认定的事实结果，那么这种具有表象化特征的事实认定，不禁让人揣测真正促成事实认定的各方因素在司法程序背后所发挥的作用。因而，以列举证据清单的方式说明事实认定是远远不够的。法官不仅应在裁判文书中明确法律适用理由，也应当对其认定的案件事实进行论证。无论是对证据的分析还是认定环节的价值评价，也都应作为判决理由不可缺少的一部分而向公众展示。

随着我国司法改革的推进，也出现了一些在事实认定部分论证细致的判决书。例如在“林森浩故意杀人案”“聂树斌再审案”的判决书中，法官就针对案件中出现的争议事实，在厘清证据的基础上对争议事实进行了有针对性的分析和评价，从而形成最终的事实认定的结论。① 可以想见，聂树斌案之所以再审就是被认为事实认定出现错误。林森浩案、聂树斌案受到社会广

---

① 林森浩犯故意杀人罪、投毒罪案，上海第二中级人民法院（2013）沪二中刑初字第110号刑事判决书，上海高级人民法院（2014）沪高刑终字第31号刑事裁定书；聂树斌故意杀人、强奸妇女案，最高人民法院（2016）最高法刑再3号刑事判决书；胡云腾：《聂树斌案再审：由来、问题与意义》，载《中国法学》2017年第4期，第246—263页。

泛关注，也助推了法官在事实认定方面进行细致论证。但是，如此对事实进行细致论证的裁判文书尚属少数，大多数案件的事实认定论证部分还无法满足社会公众对司法深度公开的预期。

（三）在现有审级制度下强化法官群体内部共识

裁判文书写作不仅是司法领域的技术性问题，也与司法制度密切相关。法官事实认定的说理问题，也必须在当前司法改革不断推向深入的大背景之下进行讨论。我国的法院系统为从基层法院到最高法院四个层级。每一级法院都有权力进行事实审查，法官直接传唤当事人、通知证人等权力，从而全面调查审理事实问题，并依据自己对事实的认定作出裁决。对于二审终审制的司法审理程序而言，包括一审程序、二审程序以及审判监督程序在内的所有审理程序都既是事实审，也是法律审。从抽象层面来说，正是因为社会事实纷繁复杂，因此本着“有错必纠”的理念，允许每一级法院在进行事实调查的基础上认定事实并作出法律评价，确保事实认定的正确性、客观性，这从制度上来说无可非议。对于具体的司法个案而言，每一次审理都包含事实审查的内容，这就意味着案件可能经过两次或多次的事实调查与认定，事实审查的反复性特征非常显著。在这一制度背景下，强化对裁判文书中证据与事实认定进行有效说理的要求，有利于二审法官更为高效地进行事实调查与认定。

在实践中，法院层级越高，其使用书面审查的比例越高，此时如果下级法院详细阐明对证据的取舍和评价，不仅可以使主审法官在自由裁量问题上更为慎重，而且有利于二审法官更有针对性地进行审查监督，避免由于事实的反复调查而造成司法资源的浪费。尤其是针对司法过程中事实疑难的案件，例如案件的部分事实没有具体证据的支撑，而需要法官根据经验法则和逻辑法则进行判断；或者出现双方提出相互矛盾的证据，但又都不足以推翻对方证据等情形时，裁判文书中的细致论证，使包括二审法官在内的其他法官群体更容易判断原审裁判以及上诉意见的正当性，可以强化法官职业群体内部的规范性共识，避免审级制度的虚化和不稳定，从而维护前诉程序的权威性与既判力。

总之，司法判决之所以是正确和正义的，不仅在于它是法官依法作出的，还在于它以适当方式呈现出背后的理由。法官所认定的案件事实之所以需要论证，根本原因在于事实本身的经验性和事实认定过程的主观性，而社会公众对司法裁判中事实问题的关注又使得这种论证显得更具现实紧迫性。裁判理由的展示不仅有助于督促司法提升裁判质量，也是对司法民主化的一种实际贯彻。

二、案件事实论证何以可能

既然事实认定说理如此重要，那么为何各国的司法制度都不规定法官应该对事实问题进行充分论证？学者们会告诫法官，“表明你的结论，但绝不要声明你的理由。你的结论可能是正确的；你的理由通常可能是错误的”①。其中原因是担心言多有失，不得不采取简洁的论证风格？还是事实认定的过程与理由真的“不可言说”？

（一）案件事实认定的推论过程与论证过程的区分

在案件事实论证问题上，我国部分学者主张事实认定无须论证，他们并非基于客观真实论的立场认为案件事实就是客观真实，因而无须给出理由；而是认为事实认定思维是一种判断思维，不能说理。苏力教授认为，事实认定的理由经常无法言说。无论是在证据认定上，还是在基于证据而对案件事实的认定上，除了因涉及法定证据标准从而转化为法律问题争议外，基本上是无法论证的。进而言之，即便法官进行了论证，通常也无法使人改变对证据和事实的判断。因为改变人们对案件判断的只能是新的事实或新的信息，论证则无法实现这一目的。因此案件事实的认定，在判决书中没有必要也不可能论证清楚。② 与此观点类似，有学者认为，“操控司法权的法官在认定案件事实的内心确信和自由裁量权的运用上都是无法采用任何量化标准来进行

① ［美］杰罗姆·弗兰克：《初审法院——美国司法中的神话和现实》，赵承寿译，中国政法大学出版社2007年版，第426页。

② 苏力：《判决书的背后》，载《法学研究》2001年第3期，第8—9页。

测度的"[①]。事实认定的过程远不是证据的拼接或组装，而是证据的有机结合。而把证据有机结合在一起的，经常是一些可能无法言说的直觉或经验。因此，各国司法制度对事实问题从来都是以不给分析和论证的判断来解决的。[②] 不仅英美法系，大陆法系国家法官在不涉及证据规则的情况下，对于证据为什么可以采信，以及诸多证据是否真正证明了案件真相等证据问题一直都强调自由心证，并不要求给出详细理由。笔者认为，由于事实认定和事实论证是不同的思维与行为过程，因此自由心证理论与心证不可言说的立场可以用于理解或解释事实认定过程中法官思维所包含的独断性特征，但这并不意味着事实认定问题只能用独断心证理论来解释，也并不削减司法实践中法官对其事实认定进行说理论证的可能。

事实论证的可能性，根本上在于事实认定过程与事实认定结果论证两个思维过程的区分。事实认定过程的确包含了很多判断因素，但事实认定过程与事实认定结果论证正如法律推理和论证的关系，二者具有不同的思维特征。促成法官认定事实结果的因素可能有很多，我们可以称之为动机理由或推理理由；可以作为说理内容的理由我们可以称之为论证理由或辩解理由。事实认定的过程不是对单个证据进行类似搭积木的拼接过程，因为证据之间会有互动，法官对事实认定的过程也是对证据整体理解和把握的过程。在这一过程中，除证据及法律依据外，多年审判经历所形成的法律感或经验直觉，也都会帮助法官形成对事实的认定。对事实认定过程，逻辑学家、心理学家、法学家们都无法提出一个具有可重复性、可操作性的、体系性的方法来处理数量极大的证据总体。但是，事实认定过程的复杂性并不应使我们陷入司法过程的神秘论，因为事实认定过程和事实论证过程具有不同的作用机理。简单来说，事实认定的过程是判断性的、推论性的；而论证的脉络是回溯性的，

① 万毅、林喜芬：《从"无理"的判决到判决书"说理"——判决书说理制度的正当性分析》，载《法学论坛》2004年第5期，第30页。

② ［美］理查德·波斯纳：《波斯纳法官司法反思录》，苏力译，北京大学出版社2014年版，代译序第12页。

要求法官用一种审视的眼光回看事实认定的过程，对所认定的事实进行检验并形成内心确信。论证不是要完全重现法官事实认定的心证过程，而是将这一认定过程中存在的重要原因，有选择性地呈现给听众。当然，其中哪些原因是所谓重要的，哪些是实际重要但无法宣之于众的，都是由法官来进行斟酌挑选。论证理由虽然几乎总是推理理由的一部分，但是论证理由无须与推理理由完全一致，即论证并不必然呈现事实认定过程的全部因素和细节。

苏力教授曾言，“想想当年江苏南京审理‘彭宇案’的法官，他倒是听了依据很多主流法学教授的观点制定的人民法院五年改革纲要的规定，试图在裁判文书中分析论证一个事实认定问题，但惹出多大的麻烦，不但自己的法官职位丢了，多年来还一直被骂……早在60年前哲学研究就已经指出在事实问题上，论证无法获得比认定更强有力的结论”①。论证理论认可“具体的判决发生在论证之前”②。从论证的目的上来说，论证并不追求一种比认定结果本身更强有力的结论，而是根据案件的具体情况，在诸多认定理由中经过理性筛选，并以体现最佳说服效果的方式呈现于裁判文书。从这一意义上来说，论证是可能的。事实认定过程中出现的一些问题，诸如特定证据的权重或价值，经常是法官将事实认定完毕后才能够从整体上进行把握的。即便法官在事实认定过程中是以法律感、直觉等非逻辑的方式得出结论的，我们仍可以通过逻辑分析等理性工具对叙事的可信性、证据间相互印证的充分性等方面进行审查，从而检验最终事实认定结论的正当性。作出某一行为或判断的理由具有追溯性，这一事实并不能导致该理由无效；同样地，法官的事实认定行为从时间上在先，也不意味着其随后的检验没有价值。③ 尽管事后合理化的理由可能使得通过文本呈现给受众的司法过程有或多或少的“失真”，

---

① ［美］理查德·波斯纳：《波斯纳法官司法反思录》，苏力译，北京大学出版社2014年版，代译序第12页。

② ［德］阿图尔·考夫曼、温弗里德·哈斯默尔：《当代法哲学和法律理论导论》，郑永流译，法律出版社2002年版，第504页。

③ ［美］杰罗姆·弗兰克：《初审法院——美国司法中的神话和现实》，赵承寿译，中国政法大学出版社2007年版，第198—199页。

而且论证也不能消除事实认定过程中所有的不确定性以实现万无一失，但是经过检验的结论必然更具可信性。

（二）司法过程是案件事实论证的规范性场景

事实论证的可能性，还在于具体而特定的论证场景保证了论证的规范性。首先，在司法过程中，各类诉讼规范及证据规则等要求法官的论证行为是在法律规范之下完成的。无论是作为论证出发点的当事人主张、证据事实还是作为论证目标的事实确信，都可以具有法律意义上的评价。事实本身就是具有规范性的，即便事实认定的主观考量也是可以具有理性评价标准的。且不说刑事审判领域更为严密的证据规则和更严格的证明标准，即便是民事审判领域，法官的自由心证也不是一种绝对的自由心证。“所谓的‘自由’，仅仅是证明力不得由法律规则预先加以规定的自由；这一自由既不包括不受理性推理规则约束的自由，也不包括无视经验规则的自由。”① 基于对法官个人经验和逻辑推理能力的信任，各国在立法上多未对证据的证明力进行预先规定，也未设置过多的规则约束法官对证据证明力的判断，但是这并不意味着回到形式证据的老路。虽然法官的人生经验和逻辑推理能力具有强烈的个人化特征，但这些要素作用于司法过程时也都需纳入相关规范的调整范围。其次，每个具体案件，为案件事实设定了特定论证场景，即事实论证是依赖于具体的司法个案场景而得以发生的。有学者认为，“我们总是发现自己已经处于某种处境里，因而要想阐明这种处境，乃是一项绝不可能彻底完成的任务……这种不可完成性不是由于缺乏反思，而是在于我们自身作为历史存在的本质。所谓历史地存在，就是说，永远不能进行自我认识”②。根据这种观点，我们永远无法站在处境的对立面，因而也就无法对处境有任何客观的认识。事实上，我们不是要求法官置身事外，以旁观者的立场分析研究事实，

---

① ［美］米尔吉安·R. 达马斯卡：《比较法视野中的证据制度》，吴宏耀、魏晓娜等译，中国人民公安大学出版社2006年版，第214页。

② ［德］汉斯-格奥尔格·加达默尔：《真理与方法》（上卷），洪汉鼎译，上海译文出版社1999年版，第387页。

而是置身于对证据、案件事实的认识过程之中，通过亲身感受各类证据所带来的信息，以完成对事实的认定和验证。从这一意义上说，描述事实的叙事行为与事实论证行为在这一规范性上具有明显差异。

简言之，现行法律规范和特定个案一起为论证设定了条件和场域。在此，场域依存性并不是论证的弊端，而是使论证成为可能的重要前提。即便法官具有价值偏好，也并不意味着其对事实的认定或论证是不理性的。在绝对意义上说，包括法官在内的每个人总是处在特定的历史处境之中，任何人都没有能力超脱特定的处境。我们并不能由此认为论证不可能具有客观性。因为在社会生活中，即便是个人的内心偏好也具有比较稳定的倾向性。理性行为排斥偏见，却并不排斥偏好。没有人能获得超越其所在社会的生活经验，能够在事实认定过程中发挥功能的经验往往也不是法官个人的特殊经验，而是法官凝结了一般人或一定范围内人们的共同经验。尤其是当使用一种更具整体性的视角看待司法过程时，我们说经验也可以是客观的。正是有了具体的个案场景和法律规范，论证不需无限追问，避免陷入论证循环，也才有了达致一定程度共识的可能。

（三）陪审团事实认定问题之再认识

学者们主张事实认定理由不可说的重要论据之一，是英美国家的陪审团无须为自己的事实裁定给出理由。在英美国家，陪审团制度是司法民主的主要实现路径，刑事案件以及部分民事案件的事实问题由陪审团裁决。在陪审团作出裁决之前，法官可以依据法定证据规则对可采信的证据进行筛选。陪审团只需要整体作出事实认定结论而无须就具体决策过程给出理由。事实上，具体哪些因素影响了最终的事实认定结论，可能陪审员自己也无法说清。波斯纳认为，“陪审团与法官不一样，它们不用为自己的决定提出任何正当化，这一事实就是一个大曝光；如果要求陪审员对他们的投票作出解释，就会不断给这个法律制度带来极度的尴尬。”① 笔者认为，陪审团无须就其事实认定

① ［美］理查德·A. 波斯纳：《法理学问题》，苏力译，中国政法大学出版社 2002 年版，第 263 页。

结果给出理由，这与本书所主张的案件事实论证并不冲突。

其一，陪审团的制度价值正是在专业的司法裁判中引入普通人的是非观。英美国家的陪审团主要就事实问题进行裁断，但并不限于单纯的事实问题。例如刑事案件中罪与非罪的判断，侵权案件中赔偿数额的计算，都既是事实问题，也是法律问题。进入陪审团视野的证据已经过严格的证据规则筛选，在法庭上逐一给出，陪审团主要根据良心确信判断证据与争议事实之间的关联性或证据的证明力问题，其中虽涉及法律问题，但基本不属于专业性较强的领域。陪审团制度设计的初衷就是要让普通人的法律理解进入司法，代表民意的陪审团的功能正是通过普通人的生活常识和社会经验来中和法官过于极端的专业化思维。在陪审团裁决的案件中，人们放任甚至是期待有法律之外的因素影响最终的事实认定，在这一意义上说，陪审团成员的身份就已经为事实认定结果提供了具有说服力的理由。

其二，作为一种内部异质性极高的群体，陪审团是以整体身份参与司法过程的。陪审团成员来自社会各行各业，其性别、种族、成长经历、教育水平、职业分布呈现多元化特点。陪审团是一个整体性的存在，为了获得对外一致的意见，陪审团成员的个体性因素必然会在与其他成员的互动中受到限制。陪审团成员的集体评议通常会在最大程度上凸显这一群体共同接受的社会经验或价值观，有时一些成员不得不隐藏其具有偏向性的个人好恶。构成多元的陪审团内部成员之间的互动本身就是这一制度存在的重要价值，正是在这样的互动中，陪审团自由且自然地评估和把握了自己的良心与内心确信。而且，陪审员之间异质性如此之强，也很难让他们就裁断给出一个统一的理由。因此，陪审团是以“团”为单位整体性地进行裁断，当作出一致的裁决时，陪审团成员无须以个体的身份向公众负责，其内部成员间的互动通常也不具有对外的效力。但是，与陪审团相比，法官的司法职业角色明显不同。一方面，共同的教育背景、相似的职业经历，甚至可能相近的社会阶层塑造了法官群体极高的同质性；另一方面，法官是以个人的职业身份参与司法过程的。美国学者玛蒂尔德·科恩认为，给出理由的主要目的不在于确保被告能够理解判决，而在于监督法官。[①] 法官要以个人身份对其裁判向当事人及公众负责。基于法学教育背景和长期的法律实践经验，法官对自己角色的认知能力远胜陪审员，不仅知道自己的决定意味着什么，而且要清楚地知道作出这一决定的原因。

此外，关于陪审团无须对其裁决给出理由的立场，也受到了一些挑战。有学者建议，在美国的陪审团中，应要求他们对有罪裁决给出一定程度的论证，以最大限度避免无辜的人基于瑕疵证据而被判处死刑或者长期徒刑的情况出现。[②] 而大陆法系国家在此则走得更远。大陆法系也在一定范围内实行陪审制度，陪审团的裁断也要受到证据规则的约束。近些年来，基于对陪审团制度运作过程的反思，围绕着陪审团是否应该以及是否能够对其认定事实等裁决给出可信理由这一问题争论不止。一方面有学者担心一旦被要求给出理由，可能会对陪审制度的存在造成致命的影响。另一方面有些国家已经探索在部分案件的裁决或裁决的某些环节要求陪审团给出理由。例如，西班牙要求陪审团在重罪的刑事案件中给出理由。[③] 这可能是陪审团发展历史上具有重要意义的制度性突破。

三、案件事实的论证标准

从终极意义上说，人类可能永远无法在事实认定上获取完美的确定性。“确定性永远也得不到，因为初始证据和普遍化这两大信息来源面临着持久的不完满性。每一个事实认定人能够获得的普遍化都是从不完满的信息库中

---

① See Mathilde Cohen, The French Case for Requiring Juries to Give Reasons: Safeguarding Defendants or Guarding the Judges? Ross J, Thaman S. *Comparative Criminal Procedure*, Edward Elgar Publishing Ltd. 2016. p. 424.

② See Stephen C. Thaman, Should Criminal Juries Give Reasons for Their Verdicts?: The Spanish Experience and the Implications of the European Court of Human Rights Decision in Taxquet v. Belgium, *Chicago-Kent Law Review*, Vol. 86, No. 2 (2011), p. 620.

③ See Stephen C. Thaman, Should Criminal Juries Give Reasons for Their Verdicts?: The Spanish Experience and the Implications of the European Court of Human Rights Decision in Taxquet v. Belgium, *Chicago-Kent Law Review*, Vol. 86, No. 2 (2011), p. 620.

来的。”[①] 在可预见的未来，人类还难以绝对消除错案。我们应该明确，无论是证据事实还是裁判事实，案件事实论证并不致力于追求终极意义上的客观真理，法官通过展示其事实认定的理由所要达成的目标就是要让最终认定的事实看起来是合理的。而“合理性是选择模式而不是单个选择本身的属性”[②]，法官致力于完成一种尽量避免谬误的“似真论证”，达成“叙事融贯”，使最终认定的事实结果最接近客观真实。

（一）案件事实论证理由的真实性

案件事实论证的理由应该具有真实性，这是论证的前提性标准。法官对事实的认定是以双方当事人所提交的证据和叙事为基础的。无论刑事案件还是民事案件，法官都应阐明作为诉讼请求原因的事实以及双方在事实问题上存在的争议并作出回应。法官呈现于裁判文书的描述以及陈述的论证理由，都应该是法官自知真实又确定有效的。在此，法官对受众的说服不是单纯诉诸司法权威或人格威信，更不是单纯诉诸言辞技巧，而是以案件中法官认定真实的事实性为基础。某些捏造理由的事后合理化行为，则是与论证的目标背道而驰的。即便我们支持法律事实的建构论，也应该明确，事实论证的过程应尽量保持对事实描述的适切性，事实论证过程中应摒除夸张甚至是无中生有。例如，在李某醉酒驾驶案中，检察院在起诉书中将案发现场描述为“大量学生涌出校园”。二审法院则认为一审判决中所表述的“大量学生陆续走出校园”更为客观准确，并表述其理由：学生出校门后并未在校门前滞留、聚集形成密集人群，而是沿不同方向离开，大部分学生的行动轨迹是骑自行车或步行沿非机动车道向东边延庆县城方向，另有一部分学生向西行走，仅有为数不多的学生陆续由南向北沿人行横道过马路。而李某驾车是在机动车道内由东向西行驶，撞击被害人的地点也位于机动车道内，不存在驾车冲向人员密集的人群的情况。故二审合议庭认为，一审判决书对于案发现场状

---

① Alex Stein. *Foundations of Evidence Law*, Oxford University Press, 2005, p. 97. 转引自冉杰：《德性法律论证理论及其应用》，中国政法大学 2011 年博士学位论文，第 164 页。

② ［英］阿林厄姆：《选择理论》，陆赟译，译林出版社 2009 年版，第 3 页。

况的描述更加客观。①

（二）案件事实论证的决疑性与融贯性

从论证技术上来说，法官应对司法过程中的各种事实及法律争点作出积极回应。出现在司法过程中的案件有相当一部分属于事实不清，可能需要通过举证责任的分配等举证规则才能从法律上认定事实，这增加了事实认定过程的不确定因素。有些疑难案件正是因为双方当事人都认为法官有可能会作出有利于自己的判决才会进入司法程序。法官对存在的争议必须有明确的立场，并给出具有说服力的理由。从这一意义上说，案件事实认定的论证应满足决疑性要求。司法裁判并不是法官的个人独断，而是对当事人所提出的主张进行具有司法意义的回答，表达司法的立场和态度。法官尤其要重视律师辩护代理意见，对于律师依法提出的辩护代理意见未予采纳的，应当在裁判文书中说明理由。这不仅是因为律师代表了当事人的利益，律师的意见就是当事人的意见；还在于个案中律师通常是该案司法裁判最专业的评价者。"强调法官判决理由展示的决疑性，也就是强调作为理性论辩过程一部分的法官论证所应该实现的这种回应人们疑惑的品质。"② 在庭审中，法官与各方当事人通过当面交流实现了多回合的互动，而法官展示于判决书中的裁判理由，则是对这一互动给出的最终回应。从这一意义上说，司法裁判既是一种静态的法律效果宣示，也是由法官和诉讼参加人一起参与的动态开放决策过程。

"矛盾思维是一种非理性思维。对事实的判断不能既错又对。"③ 法官只有依据自己的专业判断和内心良知对争议问题给出解答，法官对事实的认定才可能是圆融的，具有说服力的。实际上，在回应各方争议的同时，法官也是在对其事实认定进行是否符合"叙事融贯"标准的检验。从宏观方面而

① 参见李某醉酒驾驶案，北京市第一中级人民法院（2015）一中刑终字第1797号刑事附带民事裁定书。

② 杨知文：《从判决威权主义到判决理由展示》，载《四川师范大学学报》（社会科学版）2009年第5期，第40页。

③ ［美］雷德·海斯蒂、罗宾·道斯：《不确定世界的理性选择——判断与决策心理学》，谢晓非、李纾等译，人民邮电出版社2013年版，第17页。

言，法官需检验最终认定的结果是否与现世人们对相关行为所持有的普遍观念相一致。如果法官最终认定的事实挑战了人们的常识性观念，则其论证负担就会进一步加重。从微观方面而言，叙事融贯要求已采信的证据之间不仅不能相互矛盾，而且应当是和谐一致、相互支撑、相互印证的整体。具体来说，作为事实认定理由的任何实际构成要素之间不能存在令人费解的逻辑上的不一致，涉及与动机或因果关系有关的陈述时，应能够自圆其说。只有满足了融贯性的要求，对某一事件的陈述或者对一系列相关事件的描述才是可信的。[①] 由此，麦考密克的"叙事融贯"就具有了作为案件事实证成标准之一的功能。"怎么样才能确信关于过去发生的事情的某个陈述为真呢？迄今我们能够找到的最好的理由是，相比于其他陈述，该陈述与我们关于人类行为因果关系和动机的那些普遍信念更协调，并且与一系列其他具有内在协调性的关于特定事实的命题相协调，在这些事实命题中，有一些是奠定在当下的感知基础之上的。"[②] 融贯是实现法律真实的必要条件，任何案件事实的论证，已实现叙事融贯的，比之未达到者，更值得采信。更进一步说，判决理由展示的决疑性和叙事融贯性，不仅体现了司法解决纠纷的制度目标，还在于其实质增强了当事人对司法过程核心决策的参与度，体现了当前法治背景下司法对民主价值的贯彻和追求。

（三）案件事实论证的经济性

考虑到论证的经济性，法官要达到的论证标准及论证负担因事实类别的差异而有所不同。波斯纳把司法过程中的事实分为三类：审判性事实、法官可以径行认定的无争议事实、立法性事实。[③] 其中，对立法性事实，即具有法律认可的确定性事实，采信时法官无须给出理由，论证负担最轻；对于双方存在争议并最终通过审判确认的事实则需要对其可靠性进行审视和确认，

---

① ［英］尼尔·麦考密克：《修辞与法治》，程朝阳、孙光宁译，北京大学出版社2014年版，第297页。

② ［英］尼尔·麦考密克：《法律推理与法律理论》，姜峰译，法律出版社2018年版，第108页。

③ ［美］理查德·A. 波斯纳：《波斯纳法官司法反思录》，苏力译，北京大学出版社2014年版，第158—159页。

对于调查之后可以认定的一些具有社会事实性质的事项，例如政治事项、商业惯例、风俗习惯等，法官也无须对其正当性进行论证；而对案件裁判结果具有实质性影响的关键事实，则需要详细论证，此时法官的论证负担最重。最高人民法院《关于加强和规范裁判文书释法说理的指导意见》也明确指出，要针对诉讼主张和诉讼争点、结合庭审情况进行说理，做到有的放矢；要根据案件社会影响、审判程序、诉讼阶段等不同情况进行繁简适度的说理，简案略说，繁案精说，力求恰到好处。对于事实相对简单的案件，事实认定理由可以简单化、程式化，以提高审判效率。这种繁简分流不仅有利于减轻法官的论证负担，其意义还在于熨平司法正义与化解纠纷在某些时候存在的价值冲突。“在解决纠纷的目的下，固执地寻求真相反而可能会导致仇恨或加剧一场冲突，因为一项古老洞见认为，说出真相时常意味着严重的冒犯。因此，一套旨在最大化纠纷解决目标的程序不可能同时试图最大化准确的事实发现。”① 在以高效解决纠纷为导向的简易审判程序和调解程序中，法官都无须对其事实认定进行详细论证。

同样基于经济性的考虑，案件事实论证追求说服效果的有效性，避免谬误，而无须追求论证上的“充分”。法官需要描述自己认定和采信证据的过程和最终认定事实的理由，而不应使用诸如“此证据与本案无关不予采信”等模糊语词笼而统之。在裁判文书中，法官可以按照顺序对证据进行排列，逐条阐释其对证据采信以及证据优先的理由。在逐条认定后，法官还应该对证据证明何种事实进行陈述，形成完整的证据链。② 在此环节，论证的成功与否其实并不完全等同于论证的充分度或者说法官对事实认定过程描述的准确度。从论证目的来看，案件事实论证是说服性的，而非说明性的，论证的有效性不能等同于论证的充分度。我们期待法官为事实认定给出理由，并不是要求法官事无巨细地描述事实认定过程的所有信息，也不需要法官对司法

---

① 陆而启：《法官事实认定的心理学分析》，法律出版社 2014 年版，第 163—164 页。

② 左卫民、谢鸿飞：《法院的案卷制作——以民事判决书为中心》，载《比较法研究》2003 年第 5 期，第 50 页。

过程中出现的所有事实问题都进行论证。实际上，那样也达不到论证的目标。哪些理由需要给出，哪些无须给出，则应由法官根据论证语境、目标受众进行筛选或决定。简单来说，论证的过程是控制给出的理由，而不是给出所有理由，更不是捏造理由。

（四）案件事实论证的说服有效性

在司法过程中，裁判文书所要说服之人便是法官的听众。基于对司法价值的考虑，司法过程的听众在重要性上通常是有主次之分的。一般而言，法律论证的首要听众是法律职业群体，其次才是社会公众。“要给一个外行讲明白裁判的理由，要比说服一个同行困难得多。”① 相比较社会公众而言，专业人士通常更为理性。当法官以职业群体内行作为首要听众时，其论证目标就会更为明确。只有在职业群体内部，他们才共享关于法律争议的评价标准，各类异议也才成为可争辩的。换句话说，正如可证伪的命题才可能是真理，可争辩本身是我们得出合理性结论的必要前提。“在说理方法、经验常识和法律原理上，‘知识比较优势’必定是存在的，故才能看到乃至谈论特定条件下的‘没有争议’或‘一致意见’。”② 然而，相比法律适用而言，事实认定是更容易受社会公众关注的领域。“我们可以安全地作出结论：大多数法官都关心公众是怎样看待自己的。”③ 关心和获得认可之间存在的，正是有效论证的距离。当社会公众作为论证的听众，基于“集体非理性”的存在，普通公众在情感上的接受和认同并不能成为法律论证合理性的稳定标准；很多时候，法官是否能够获得社会公众的普遍认可并不取决于法律论证的水平或充分性。“一个可以且有必要诉诸论证来说服对方的社会必须是一个已经基本格式化了、分享了某种交流规则的社会，一个有更多的基本共识的社会。”④ 如果

---

① ［美］理查德·A. 波斯纳：《超越法律》，苏力译，中国政法大学出版社2001年版，第574页。

② 刘星：《司法的逻辑》，中国法制出版社2015年版，第91页。

③ ［美］劳伦斯·鲍姆：《法官的裁判之道——以社会心理学视角探析》，李国庆译，北京大学出版社2014年版，第81页。

④ 苏力：《判决书的背后》，载《法学研究》2001年第3期，第11页。

一个法官的论证在法律上是强有力的，那么他也会更容易赢得其他法官同行的认可，而一个在法律上强有力的论证，并不一定对公众更有说服力。由此，法官必须针对社会公众的特性有针对性地选择修辞策略。例如，在事实论证领域尽量避免晦涩难懂的专业术语，更为详细地论证与日常经验相悖的小概率事件等。

当然，无论法官如何定位其听众，追求说服效果并不是论证的唯一目标。即便事实论证的理由来自法律体系之外，论证共识的形成过程也是受到法律尤其是司法规范约束的。在这个意义上，如果我们将共识概念作为事实之“真”的可操作性标准，我们仍必须保持必要的警惕。一方面，不应过分追求“普泛听众”的认可。根据佩雷尔曼的分类，“普泛听众”是任何说服所追求实现最大共识的理想听众，它通常仅具有作为超越时空条件的理念类型意义。① 如果我们要求法官致力于追求在普泛听众中达成共识，则无疑有逃避问题的嫌疑，因为这一目标根本是不可实现的，完全无助于现实问题的解决。另一方面，即便是在有限范围内，也需警惕听众对一些热点案件的叙事喜好，更不能因为迎合听众而使得“好故事”排斥“真故事”。因此，有效说服的意义不仅在于法官和特定范围内的听众达成共识的状态，还意味着这种共识真正内化为他们的行为规范，即法官和听众都从内心真正接受司法裁判。

在司法过程中，促使法官作出案件事实认定结果的因素是多方面的，因此我们评价裁判文书中案件事实论证的标准也应是综合而非单一的。在具体的论证过程中，不同案件可能因性质或类型不同而采用不同的标准组合。整体而言，事实论证的真实性与融贯性标准的主要目标指向案件事实的客观性，而论证的决疑性、经济性与说服有效性标准则主要目标指向案件事实的公正性与准确性。

---

① 学界一般将佩雷尔曼所说的“ideal audience”翻译为理想听众，但正如德国思想家马克斯·韦伯在其理论中所使用的理想类型（ideal type）一样，“ideal”作为与现实（reality）对应的概念，同时具有理念的意义。See Chaim Perelman and L. Olbrechts-Tyteca, *The New Rhetoric: A Treatise on Argumentation*, Notre Dame University Press, 1969, pp. 31 - 34.

四、案件事实的论证模式

作为一种交往活动，论证的直接目的是通过回应对主张的质疑从而证成己方观点。裁判文书规范样本为法官进行事实说理提供了基本的框架，我们仍需通过论证模式即论证的基本结构来进一步展示论证的有效性来源。

（一）基本推论的三段论模式

司法过程的多个环节皆存在论证行为，逻辑是描述论证结构的基本进路。对法律推理过程的论证，法官主要借助于形式逻辑来实现。这种论证模式的功能不在于判定前提或结论本身是否为真，而是用以判定由前提到结论转换的正确性。[①] 因此论证的恰当与否主要在于形式逻辑上是否具有一致性。形式逻辑的主要推理方法包括演绎、归纳、类比等。以大前提——小前提——结论为基本模式的三段论是演绎推理中最为重要的推理形式。例如：

大前提：根据婚生子女身份的推定制度，在合法婚姻存续期间受胎或出生的子女，推定为婚生子女；同时也认定所推定的子女的血缘来自具有合法配偶身份的男女双方。

小前提：王某在 A 与 B 婚姻关系存续期间出生。

结论：王某是 A 与 B 的婚生子女。

关于三段论推理有效的要件，亚里士多德指出，“在每个三段论中，一个前提必须是肯定的并且必须有一个全称前提”，“只有当所有前提都是全称的时，才能证明全称的结论”。[②] 这一三段论逻辑模式看似简单，其中隐含着复杂性。因为对全称判断“所有……”的期待，在现实司法实践中经常难以实现。因此在这一模式中，其实隐含了“如无特殊情况”这样一个前提，以作为对大前提全称判断的补充和修正。“即使在伦理论证中最普遍的理据，有时也不得不在特殊情况下容忍例外，因而在其最强点也只能得出推断

---

① ［芬兰］冯·赖特：《知识之树》，陈波选编，生活·读书·新知三联书店 2003 年版，第 150 页。

② ［古希腊］亚里士多德：《工具论》（上），余纪元译，中国人民大学出版社 2003 年版，第 142—143 页。

性结论。”[①] 因此，上述三段论推理所得出的结论只是一种事实推定结果，当现实生活中出现一些例外，其推论便无法成立。而且，法官在事实认定过程中要考虑的因素远非大小前提这么简单，如果我们一定要使用三段论来描述案件事实的认定过程，那么就必须刻意对现实司法实践中的各类证据、事实、价值判断强行简化、压缩，以收编于简单的框架之内。这种做法是对真实司法过程的扭曲，也是不现实的。出现这种情况，当然不是三段论模式本身正确与否的问题，而是司法过程非常复杂，不同的论证场域为推论提供了各类省略的、潜在的前提或限定条件。而一旦论证场景发生变化，这些前提或条件的变化就会导致结论发生改变。因此来自不同领域的论证，从理由得出结论的过程并不是单一重复的。

整体而言，三段论模式在案件事实论证中具有不可替代的基础性地位，但就具体不同层次的案件事实而言，三段论模式无法说明法官如何形成证据事实与裁判事实，并基于哪些要件事实的判断选择适用法律规范，也不能说明小前提中的裁判事实与大前提中的制度类型事实如何具有对应关系。实际上，“属于不同领域的论证通常涉及从理由到结论的不同逻辑转换”[②]。司法过程中案件事实的论证主要可以分为两个场景：证据事实论证与裁判事实论证，由于各自的特殊性，除了共同的三段论模式之外，其还可能需要使用其他论证模式。因此，在案件事实的论证模式上不可统而论之。

（二）证据事实论证中的概率叠加模式

关于在司法过程中法官是如何认定证据，事实认定的原子论者认为，法官是逐一判断每个证据而进行事实认定；而整体论者则认为法官是需要考察完全部证据后才能作出最终的事实认定。其实，原子论与整体论只是对证据认定过程的不同角度的描述，它们都共同认可，证据认定过程中法官必须对

---

① ［英］斯蒂芬·图尔敏：《论证的使用》，谢小庆、王丽译，北京语言大学出版社2016年版，第102页。

② Lilian Bermejo-Luque, *Giving Reasons: A Linguistic-Pragmatic Approach to Argumentation Theory*, Springer Science + Business Media B. V. 2011, p. 82.

证据的相关性、可信性、证明力等内容进行审查以形成确信。因此在证成裁判事实之前，法官必须先证成证据事实。

证据是与待决案件案情相关的信息。当以有限的认知能力回溯已经发生的事件时，我们会发现，司法过程中的各类证据所形成的证据事实，几乎总是包含了一定程度的不确定性。换句话说，证据所证明的，总是某些事实存在的可能性。证据事实描述的主要是与案件有关的事物的性质或事物之间的关系，当我们说某一事实可以得到确认，经常的意思是“它很可能如此”“如无特殊情势，它是如此”。根据事实认定的概率理论，每个证据事实（包括一些事实推论）对案件事实的支撑都只是一种可能性。相对于逻辑或自然科学意义上的可能性，法律领域中使用的可能性主要是一种经验概念。证据采信的过程不是对单个证据进行类似搭积木的拼接过程，证据之间也会形成相互印证、相互排斥或相互补强等互动关系，法官对事实认定的过程也是对证据的整体理解和把握的过程。因此在事实认定问题上，与原子论相比，我国司法制度更倾向于整体主义的认定理论。证据事实之间的相互印证、补强所依托的逻辑关系并非因果律，而是“概率叠列”①（见图6－1）。一个案件中多个证据事实出现在一起，这些证据事实一起相互作用，从而强化了最终认定事实的可能性。其中单个证据事实可能性大小的差异，表明了证据事实对最终认定事实的参与度与贡献度的不同。

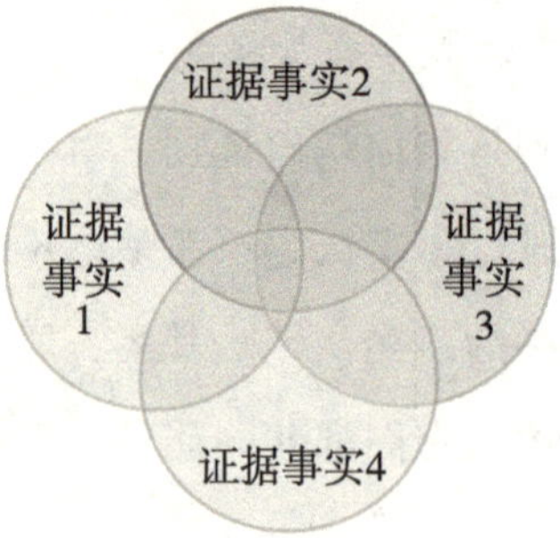

图6－1　事实认定的概率叠列

① 栗峥：《印证的证明原理与理论塑造》，载《中国法学》2019年第1期，第268页。

在刘某诉刘某民要求确认父女关系一案中，刘某的母亲周某存与其前夫阮某婚姻存续期间怀孕，离婚后生育刘某。亲子关系鉴定已经排除了阮某与刘某之间父女关系的可能性。本案当事人刘某民拒绝做亲子鉴定。此案一审、二审及再审法官皆认为，公民的人身权受法律保护，人的身份关系不能在没有科学依据的情况下推定，刘某所提供的证据不足以证明其与刘某民之间存在亲生父女关系。终审法院认定证据事实：（1）2002 年 1 月 21 日，刘某民从单位申请开具未婚证明，用以申请与周某存结婚登记。（2）2002 年 2 月 19 日，周某存与前夫阮某离婚。（3）2002 年 10 月 8 日，刘某出生，其出生证载明，父：刘某民。（4）〔2005〕黑公遗鉴字第 319 号鉴定书所载结论为：周某存前夫阮某与刘某无亲权关系。（5）医院对周某存、刘某检验血型均为 A 型。（6）刘某民的户籍材料证明其血型为 A 型。（7）刘某与刘某民从外貌特征上看，有一定的相似之处。在此案中，证据事实（4）从各种潜在可能中剥离出不可能事项，即排除阮某与刘某的父女关系；证据事实（1）则表明刘某民曾经与周某存关系亲近；证据事实（3）（7）增强了刘某民与刘某父女关系的可能性；证据事实（5）（6）则表明不能排除刘某民与刘某父女关系的可能性；可见，证据事实（3）（5）（6）（7）的合力作用，高度强化了刘某民作为刘某生父的可能性。虽然刘某民否认其是刘某生父并拒绝做亲子鉴定，但其主张事实成立的可能并不足以推翻刘某主张的可能。判决确认刘某民与刘某为父女关系。[①] 在这个案件中，各项证据事实之间相互作用产生了一种“聚合”的作用，我们对案件事实认定的确信程度要超过各个证据单独所产生的确信之和。[②] 所以，法院在证据事实的基础上进行了事实推论，虽然这种推论的结果仍然是双方亲子关系的可能性而非确定性，但是这种可能性不宜用数字体现。“在法庭认定证据方面，一般应尽量回避概率的数值，

① 刘某诉刘某民抚养纠纷案，哈尔滨市中级人民法院（2007）哈民一再终字第 68 号民事判决书。

② 吴洪淇：《印证的功能扩张与理论解析》，载《当代法学》2018 年第 3 期，第 80 页。

更倾向于定性分析而不是定量分析。”① 虽然始终无法排除多重偶然性，但基于概率叠加后的其他可能性已微乎其微。而且，通常情况下，在司法过程中使用具体的概率数字以求事实描述的准确性并无多大意义，因为事实认定的结果要归结于法律后果。因此法院最终是用判决的形式使其具有了法律上的确定性。

在司法过程中，要使用证据事实间概率叠加方法以论证事实认定的正当性，也有一些需要遵循的规则。诸如，案件的多个证据事实应具有不同来源。上述案例中，亲子鉴定结果来自鉴定机构，血型记载来自户籍档案与医院出生证明，未婚证明来自当事人单位，外貌相似性来自肉眼观察，等等。基于各类因素的考量，这些证据事实被认为是可靠的。鉴定机构的可靠性来自其资质、户籍档案的可靠性来自行政行为的公定力。外貌相似性的可靠性与前者相比虽不那么确实，但它也来自人们的日常生活经验。在刑事案件中可能还要求排除合理怀疑，这是对证据间相互印证的一种内在检验标准。② 这些证据之间整体协调，内部无明显矛盾，即不仅本案证据事实之间无明显矛盾，而且与其他已经认定的事实之间也没有明显矛盾，也就是实现了前文所称的叙事融贯。

当然，证据之间的整体协调与叙事融贯，并不意味着完全不容许有任何差异，成为模范标准的事实样板。例如，在陈某桂、陈某兴强奸一案中，申诉意见认为：被害人对于案发地点、参与人、事件过程等陈述与证人证言以及其他证据之间不能相互印证。对此法院陈述了四点证据事实：（1）被害人案发当晚处于酒后不清醒状态。（2）被害人案发时仅 15 周岁。（3）有证人证言表明被害人拼命挣扎不愿意与陈某桂等人一起外出，在陈某桂等人欲与其发生关系时其明确表示反对并挣扎反抗。（4）两位犯罪嫌疑人都是第一次见到被害人。证据事实（1）表明被害人由于酒精的作用很可能无法准确记忆并描述案发时的具体情景尤其是细节问题。证据事实（2）表明受害人心

---

① 杜文静：《溯因推理的概率解释及特设性假设的规避》，载陈金钊、谢晖主编：《法律方法》（第 17 卷），山东人民出版社 2015 年版，第 75 页。

② 龙宗智：《印证证明在证据审查与事实认定中该如何运用》，载《检察日报》2019 年 4 月 8 日，第 3 版。

智发育尚不成熟，同样可能无法对发生的事实作出准确描述。证据事实（3）更是直接表明被害人对所发生行为的反抗、抗拒行为。根据证据事实（4），结合日常生活经验，则可以作出推断受害人对于以前完全不认识的犯罪嫌疑人，基本不可能愿意与其有亲密关系。上述四个证据事实来源不同，但从不同角度进行了概率叠加，稀释了受害人自愿与犯罪嫌疑人发生关系的可能性，并对受害人对于案发细节的描述不够准确的情况进行了合理解释。“正如我们当时所看到的那样，一个事件的可能性/概率通常被视为一回事，而特定证据为某人关于某事将要发生的观点所提供的支持又是另一回事。”[①] 从这一意义上说，证据事实间的概率叠加模式，并不意味着简单的证据清单。基于不同性质案件中对事实认定之可能性的容忍程度不同，我们不仅需要在认识上正确理解司法过程事实本身的内在复杂性，裁判文书中亦应有不同证据事实对最终认定事实贡献度的分析。

（三）裁判事实论证的可废止模式

事实认定是对证据事实整体性理解与把握基础上结合其他认知进行的经验性推论。事实认定模式不是单一的线性推论，各类参与司法过程的信息加入都可能影响最终的认定结论。英国哲学家图尔敏提出的论证模型（见图6－2）得到学界的普遍认可，我们也可以将其用以描述事实认定论证的模式。

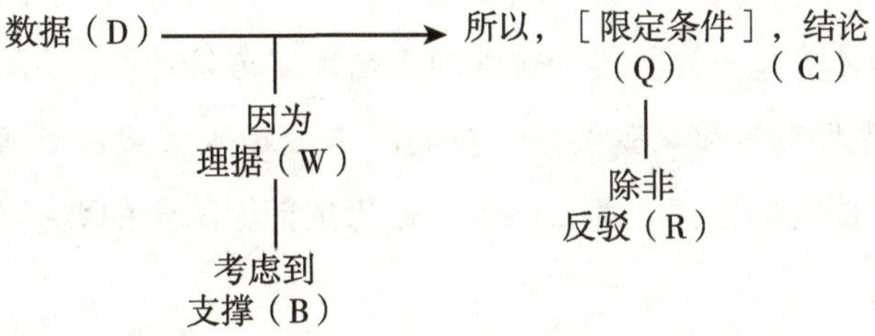

图6－2　图尔敏论证模型

① ［英］斯蒂芬·图尔敏：《论证的使用》，谢小庆、王丽译，北京语言大学出版社2016年版，第71页。

这一论证模式的构成要素主要有六种：数据（D）即推断由之开始的材料或信息；理据（W）是规则、原则、推理许可或其他；支撑（B）是用以表明理据合法性的其他保证；限定条件（Q）是推论能够成立的场域或条件；反驳（R）是反证或应该排除的例外情形；主张（C）是证成的结论。① 根据武宏志的总结，这是一种最具普适性的论证模式，当理据是普遍的、绝对的概括陈述时，它是演绎论证的模式；在理据是归纳统计概括陈述时，它是归纳模式；当理据是允许例外的可废止概括陈述时，它是合情论证模式。②

从这一论证模式可以看出，事实论证结论是否能够成立，以及在什么情况下能够成立，依赖于各类前提条件的参与。也就是说，一旦有例外情形出现，推论的前提就可能不再充分，论证结果也将相应发生变化。“将理据视为普遍可接受的依据是一回事，理据为结论提供的说服力是另一回事，而能够推翻理据的例外情况又是完全不同的事。”③ 例如，正常情况下 DNA 检测就可以确认亲子关系，但是如果被检测一方曾经接受器官移植，身体内存在两套 DNA，检测者在不知情的情况下，就很可能造成亲子关系的误判。“一个‘普遍前提’则表达一种保证，使我们可以安全地从我们的数据达到我们的结论，而不仅仅是一项信息。”④ 亲子鉴定数据正是一个普遍前提，让我们可以有把握判断孩子与被检测者之间的亲子关系。

在实际的事实论证中，并非每次论证都必须有全部六种要素的参与，作为理据的支撑（B）就经常被隐藏或省略。例如，当我们使用婚生子女推论规则时，通常不会追问这一推论规则的正当性支撑是什么。此时支撑（例如有利于稳定婚姻关系和家庭关系，有利于未成年人健康成长等）并非不存在，而是成为隐含的前提。通常来说，作为论证中给定的数据或资料，一般

---

① ［英］斯蒂芬·图尔敏：《论证的使用》，谢小庆、王丽译，北京语言大学出版社 2016 年版，第 91 页。

② 武宏志：《论证型式》，中国社会科学出版社 2013 年版，第 100 页。

③ ［英］斯蒂芬·图尔敏：《论证的使用》，谢小庆、王丽译，北京语言大学出版社 2016 年版，第 93 页。

④ ［英］斯蒂芬·图尔敏：《论证的使用》，谢小庆、王丽译，北京语言大学出版社 2016 年版，第 100 页。

也无须继续追问其正当性。退一步讲，即便如我们所举例子中的亲子鉴定结论受到质疑，那么此时法官无法、也无须对鉴定结论本身做出论证，而只能对鉴定机构或者鉴定者资质进行论证，即法官无须对结论进行论证，而是对结论的可信性进行论证。社会生活的复杂程度远超人类自身想象，人类的认知能力无法预知例外的存在，更谈不上穷尽各类例外清单。从这一意义上来说，事实认定之难很大程度上在于，“事后的例外”总会出现。图尔敏论证模式的突出特点正在于正视论证对场域的敏感和依赖，通过反驳或例外条件的加入，使得论证过程的可废止性得以被直观呈现。

当我们在事实认定领域讨论论证的可废止性，需要明确：首先，我们所说的可废止性对象不是本体论意义上的事实，而是事实的规范性资格或认识论意义上的事实。[①] 根据上述例子，可废止的并不是王某是否为AB之婚生子女，而是我们对“王某为AB之婚生子女”的描述是否正确的，以及我们在法律上可否认定“王某为AB之婚生子女”。从论证的有效性来说，事实论证的可废止性的关注重点不是事实的存在本身，而是我们得出某一事实结论的理由是否正当，即当前事实认定结果是否是基于给定理由而得出的有效结论。其次，可废止性并不意味着不确定性，而是强调对结论的证立是依赖于各类前提条件的，论证正当性的评判必须在明确了前提、场域等限定条件的基础上才能作出。从这一意义上说，事实认定论证环节的可废止性不是对法律事实客观性的解构，相反，各类限定条件的加入使得论证更加准确，其证成的案件事实将更接近客观事实。例如，在林森浩故意杀人案死刑复核阶段，辩护律师提出“饮水桶内水样、黄某尿液和饮水杯均是黄某的同学自行提取，检材有被污染可能”。这是通过提出一种可能性而对认定结论进行质疑。法官通过两个限定条件对这一质疑进行了回应：（1）黄某的同学自行提取相关检材时，黄某的真实病因尚未确诊，事件性质尚不明确，并未进入侦查程序；（2）提取检材者均为医学专业研究生，具备无菌操作知识，又是遵医嘱使用

---

① 宋旭光：《论法学中的可废止性》，载《法制与社会发展》2019年第2期，第126页。

无菌器材提取，操作规范。可见，针对此案的特殊情况，法官有效地回应了“未进入侦查程序而提取检材的行为”为何不会造成检材污染从而其检验结果不应被排除。

在曾某被控伤害一案中，法官对案件事实的论述层层递进、条理清晰，堪称范本：曾某的无罪辩解不符合常理和经验法则。（1）如果是小偷，作案用的剪刀留在一楼门口的布堆里不符合常理。案发后，一楼的大门从外面是无法打开的，可以排除小偷从一楼大门逃走的可能性，但作案用的剪刀就藏匿于一楼门口的布堆里，而案发后如果是小偷将剪刀藏匿于一楼，小偷为仓皇逃窜，在紧急时刻应该直接从一楼大门逃走，而不会把剪刀藏匿于一楼门口后又折返回二楼或三楼逃走。（2）按照曾某的供述，小偷身高只有一米六左右，而曾某身材不算消瘦，案发现场一死一重伤，现场有大片血迹，且案发的卧室空间狭小，三个成年人在狭小的空间里发生打斗，小偷不可能没有受一点伤，也不可能不留下一丁点痕迹，现场并未发现第三人的任何痕迹。（3）通过查看案发现场，发现案发的三楼卧室灯的开关就在床边，一个躺着的正常人只需稍微挪动身体就很容易开灯，且以一个正常人的反应来看，如果遇有小偷，第一反应应该是趁着黑暗快速开灯，按照曾某的供述，受害者陈某已说有小偷，曾某想去关门，在曾某起身关门时，陈某已完全可以趁黑暗快速打开灯，但是直到案发一死一重伤后，曾某才开灯，不符合常理。（4）公安机关 2015 年 1 月 13 日在顺德区人民医院住院部录制的讯问录像，曾某供述是用剪刀捅刺其妻子陈某己的，当侦查人员讯问其作案用的剪刀是什么颜色时，曾某回答了黑、红、蓝、绿等颜色，有意回避了黄色，讯问一段时间后才说作案用的剪刀是黄色。且后来又询问侦查人员大概要判多少年、假如其岳父写了谅解书会不会判轻些等问题。如果小偷是在黑暗中持剪刀捅刺其夫妻二人，且小偷逃走时带走了剪刀，曾某不可能知道剪刀的具体形状和颜色，曾某不但供述了剪刀的具体形状和颜色，还准确混杂辨认了作案用的剪刀。（5）曾某对否认犯罪的关键问题的回答不符合常理。公安机关在武警广东省总队医院住院部对其进行的第七次讯问笔录记载：“问：为何你以前跟公安人员说陈某己是被你捅伤的？答：因为我想跟陈某己一起死。问：之前公安人员跟你做讯问笔录时有无刑讯逼供？答：不让睡觉”。按照正常人的逻辑，如果妻子被小偷捅刺致死了，第一反应应该是协助公安尽快抓到凶手以告慰亡者的在天之灵，而不是跟受害者一起死。另外，作为受害者，即便不让睡觉，也不可能供述是自己所为，而应该是尽力回忆案发现场的点滴，帮助公安机关尽早破案。综上，本案认定曾某犯故意伤害罪的证据确实、充分，现有证据可排除第三人作案的可能性，曾某的无罪辩解不符合常理和经验法则，且本案没有无法解释的明显疑点。①

与法律论证一样，事实论证也是基于对实践推理结果进行反思而展开的验证行为，与法律问题相比，事实问题经常有着更为复杂的条件限定。根据对论证模式可废止特征的描述，我们可以看出，对于司法过程中一个具体案件的事实认定，其所在的规范语境是相对稳定的，而论证过程总是对可能最终影响事实认定结果的各类信息保持开放。

小 结

裁判文书写作不仅是司法领域的技术性问题，更反映了司法理念的变迁。现代法治不仅是规则之治，也是理由之治，在当代法律体系中给出理由的法律义务是法治的核心成分。虽然有诸多因素参与了法官事实认定的过程，但我们应摒弃可能存在的玩世不恭或怀疑主义的态度，以温和、审慎的立场认真对待事实问题。整体而言，司法过程中的“真”是一个体系性概念，虽然民事案件与刑事案件以及行政案件等在事实证明标准上稍有不同，但所有的事实认定过程都是致力于通过建构法律真实来接近客观真实。借助于事实认定说理，法官表明其已经对证据能力、证明标准以及证据之间的关系等问题进行了审慎的思考，不仅在程序上也在价值判断上强化了对事实认定过程的控制，以一种最为合理的方式建构证据和法律事实之间的关联性和一致性。

---

① 曾某故意伤害案，广东省高级人民法院（2016）粤刑终759号刑事裁定书。

我国近些年在多个领域加强证据规则立法，也体现出对事实认定过程的关注和重视。在此基础上，认可案件事实论证的必要性并探究行之有效的论证标准和模式，对于提升司法的技术理性而言也是值得探索的。毕竟，我们对事实之“真”的追求从未松懈。

第七章　裁判文书中的积极修辞

作为我国司法改革的一项重要内容，裁判文书的释法说理一直备受重视，理论界与实务界也进行了持续而卓有成效的探索。2018 年最高人民法院在全面总结既有说理规范的基础上，出台《关于加强和规范裁判文书释法说理的指导意见》（以下简称《指导意见》），明确指出提高释法说理水平和裁判文书质量。《指导意见》要求"裁判文书释法说理"要顾全"四理"，即"事理""法理""情理""文理"，其中"情理"即要求裁判文书讲明情理，体现出法理情相协调，符合社会主义价值观。

提升裁判文书释法说理效果，离不开修辞方法的应用。陈望道先生在《修辞学发凡》中针对修辞方法的基本分类提出了消极修辞与积极修辞的"两大分野"理论。根据这一分类理论，消极修辞是抽象、概念的，必须处处同事理符合。说事实必须合乎事情的实际，说理论又必须合乎理论的联系。其活动都有一定的常轨：说事实常以自然的、社会的关系为常轨；说理论常以因明、逻辑的关系为常轨。积极修辞却是具体的，体验的。价值的高下全凭意境的高下而定。只要能体现出生活的真理，反映生活的趋向，便是现实世界所不曾经见的现象也可以出现，逻辑律所未能推定的意境也可以存在。[①] 消极修辞与积极修辞作为不同的修辞方法，二者有着不同的功能定位。"消极的修辞只在使人'理会'。使人理会只须将意思的轮廓，平实装成语言的定型，便可了事。积极的修辞，却要使人能够'感受'。使人感受，却不是

---

① 陈望道：《修辞学发凡》，复旦大学出版社 2010 年版，第 37—39 页。

这样便可了事，必须使看读者经过了语言文字而有种种的感触……而要使人感受，却必须积极地利用中介上一切的感性因素，如语言的声音，语言的形体等，同时又使用语言的意义，带有体验性、具体性。每个说及的事物，都像写说者经历过似的，带有写说者的体验性，而能在看读者的心里唤起了一定的具体的影响。”①

具体而言，消极修辞是各种修辞方法和技巧的隐性适用，它强调的是利用平实的语言对事物进行准确、精确的表述。积极修辞则强调通过各种修辞方法和技巧的综合运用，以激发修辞对象引发联想（甚至幻想和激情）来实现目标修辞效果。裁判文书属于国家法律公文，通常来说，无论是通用公文还是专用公文，公文语体的核心内容是记述，力求语言表述的准确、简明、平实、严谨，并不追求语言的渲染性、艺术性风格，因此其修辞手法主要是消极修辞，而很少运用积极修辞。“法律文书的事实部分是基本的且最主要的内容，也是阐明理由进而得出结论的客观基础，制作时必须根据特定的人和事选取相应的真实材料，既不能夸大也不能缩小，既不能虚构也不能歪曲。一定要实事求是，无丝毫增饰。”② 消极修辞的应用可以让听众感知到，法官对事实的陈述是准确、严谨、最接近客观真实的，法律适用正是以这种严谨准确的案件事实为依据，严格按照法律推理的逻辑规则而作出，其中法官的个人感性因素并未影响裁判，即裁判是具有法官可替代性的，因此这一裁判是经得起检验的。与消极修辞相比，积极修辞的应用使得文字表述更为生动、感性，更易于打动听众内心，激发起情感上的变化。在裁判文书修辞的具体运用中，消极修辞因其简洁、严肃等先天特征而处于主导地位，学界对于消极修辞在裁判文书中的地位与功能有统一的共识，而对于积极修辞的应用，现有研究仍然缺乏一种中肯清晰的理论定位。最高人民法院的《指导意见》中对于情理等内容的论述仍是抽象的、集成性的，对于积极修辞在裁判文书中的应用仍需进一步探讨。

---

① 陈望道：《修辞学发凡》，复旦大学出版社2010年版，第57页。

② 张连举：《当代法律文书写作》，暨南大学出版社2006年版，第4页。

一、积极修辞应用的必要与可能

裁判文书释法说理是否需要积极修辞，这涉及我们对两对关系的认识。一是法官的同质性与异质性，即如果我们认为司法裁判仅应体现法官的同质性，那么体现个性化、情感因素的积极修辞就几无作用空间。二是裁判文书本身陈述与回应听众情感需求的关系，如果我们认为裁判文书有必要或至少在部分案件中应当回应听众的情感需求，那么积极修辞的应用便是必要的。

（一）法官的异质性与情感表达

一直以来，客观中立都是法治重要的价值目标和理念。与此相应，司法过程中法官的角色定位也是客观中立的，正如韦伯所形容的“自动售货机”，仿佛从来不具有自己的感情和个性。黄文艺教授总结，从职业内涵上来说，一种职业通常具备六个特征，即学识性、独立性、同质性、组织性、规范化和垄断性。[①] 其中，学识性、独立性、组织性、规范化和垄断性分别是从不同角度对特定职业进行了实质内容上的描述，而同质性则是对其他五个特征的概括描述，也就是说，一种职业之所以能够成为一种职业，其从业人必然在多方面具有同质性。就法官职业而言，相同的法学教育背景提供了类似的知识体系和法律技能；以法律专业术语为主要内容的语言体系促进了职业群体内部的成员之间的彼此认同和沟通；借助于共同的话语体系，在类似的裁判职业经历中，进一步强化了以“忠诚于法律”为内核的共同法律思维。有的国家为了保障法官思维的同质性，甚至会倾向于在社会阶层成分相同或相似的人中进行挑选。例如美国法官的遴选，主要从上层律师中挑选，这不仅保证了其共同的教育背景和同一的法律话语体系，而且保证了候选人在社会地位上，几乎全是社会化很好、行为很好、思维循常的中上阶层的成员。[②] 可以说，法官职业群体的从业者由于具备了高度同质化的思维方式与行为方

---

① 黄文艺、卢学英：《法律职业的特征解析》，载《法制与社会发展》2003年第3期，第44页。

② ［美］理查德·A. 波斯纳：《法官如何思考》，苏力译，北京大学出版社2009年版，第145页。

式，他们能够相互理解、相互信任、在大多数问题上能够形成共识，从而成为一个知识、利益、地位、伦理和荣誉共享的共同体。

尽管如此，如果我们认为在每个案件的司法裁判中，每个法官都会持有完全相同的看法，那完全就是浪漫理想主义的认识。法官在成为法官之前就已经是一个有着独立思想、情感以及价值观的社会人。没有人有着与他人完全相同的人生经历，每个人都有独特的个性和情感，法官也不例外。卡多佐对于法官在司法裁决过程中的角色定位作出如下描述："司法决定是整个司法过程这一'酿造化合物'过程'酿造'出的'化合物'，而法官作为'酿造者'利用先例、逻辑、习惯、个人的或者共同的正义和道德标准等资源，以不同的比例投入到这个酿造过程中。"① 虽然法官基于专业的理性素养，能够对裁判过程中的法外因素，尤其是自己的情感情绪等主观因素予以识别、控制，尽量少地受到这些因素的影响，但是，在多元因素发挥作用的复杂的司法过程中，有的时候甚至法官自己都没有意识到的潜意识或者直觉也对最终裁判的形成实际产生了影响。尤其是我国近几十年来一直处于社会变革时期，社会整体异质性变化的速度和程度都超过任何历史时期，在这一背景下，更不应过于理想化地看待法官职业群体的同质性。

"在法律理性后面，潜藏着非理性。掘开文明的表层，人们就会发现大量冲突的感情和欲望。"② 对司法裁判中个性化因素的关注，在美国以现实主义法学为代表。现实主义法学提出了关于司法裁判的两个公式，神话公式是：R（rule，法律规则）×F（fact，案件事实）=D（decision，判决）；现实公式是：S（stimulus，围绕法官和诉讼的各种刺激因素）×P（personality，法官的个性）=D（decision，判决）。③ 他们认为司法裁判尤其是疑难案件的裁判取决于法官难以察觉的个人心理，而不是所谓的法律规则，由此司法行为

① ［美］本杰明·内森·卡多佐：《司法过程的性质》，苏力译，商务印书馆1998年版，第2页。

② ［英］韦恩·莫里森：《法理学：从古希腊到后现代》，李桂林等译，武汉大学出版社2003年版，第311页。

③ Jerome Frank, *Law and Modern Mind*, New York: Tudor Publishing Co., 1936, p. 120. 转引自陈林林：《直觉在疑案裁判中的功能》，载《浙江社会科学》2011年第7期，第48页。

"从可能产生任何新的结论的意义上讲"就是不可预测的。虽然作为一种有关司法过程的理论，现实主义法学，尤其是其中比较极端的观点，没有看到法官团体对司法行为的影响，忽视了对司法的限制以及业内的评价和观点对司法行为的限制，忽视了法律教学传统以及那些已被接受了的社会和法律秩序的理想观念和传统理想与主观理想之间的碰撞。① 但是，他们提醒人们应正视司法过程中法官心理与法官情感的个性化因素。

在德国，"法感情"理论同样关注到这一问题。与美国现实主义法学一样，德国的法感情理论也得到了心理学发展所提供的智识支持。"当时的注重纯粹的逻辑加工的法学的古典规范方法论，与一种司法实务中存在的现实，即在法发现和法适用中，情感和非理性因素产生重要影响的现实，两者存在很大的分歧。这使得学者们产生了研究兴趣。"② 由于司法过程中法官个人的感情是一种细微的心理变化，有时难以从外部观察而进行描绘或分析，因此这一研究并非易事。米夏埃尔·比勒于 1979 年发表的《法感情：体系和评价》一书，对法感情理论的研究进行了再次尝试。他的研究是建立在法感情与理性因素互动的基础之上，致力于讨论法发现的心理学，试图解释一个特殊个体因素，以及主观法感情如何达成一个裁判的合理性，以及在判决形成过程中，这种感情是如何发挥作用的。同时也试图探明，对法官行为的积极规范是否能够起到控制作用，以及能否对一个规范无涉的裁判理论以优先性？③ 具体而言，比勒认为，法感情具有自发性，不能被理解为一种理智的感情。法感情的产生是基于案件对裁判者产生的一种呼吁特征，通俗来说就是具体的个案案情的某一个特征对其产生了"刺激"。对于这种在裁判者和具体案情的交互过程中形成的"刺激"，比勒以一种"识别"的过程解释其

---

① ［美］罗斯科·庞德：《法理学》（第一卷），余履雪译，法律出版社 2007 年版，第 217—218 页。

② Vgl. *Julia Valerie Tietze*, Der objektive Charakter des Strafgesetzes im Widerstreit zum subjektiven Rechtsgefühl, Verlag GCA, Herdecke, 2004, S. 51. 转引自赵希：《德国司法裁判中的"法感情"理论——以米夏埃尔·比勒的法感情理论为核心》，载《比较法研究》2017 年第 3 期，第 103 页。

③ 赵希：《德国司法裁判中的"法感情"理论——以米夏埃尔·比勒的法感情理论为核心》，载《比较法研究》2017 年第 3 期，第 106 页。

原因，这种“识别”的过程可以理解为模糊彼此之间的感觉界限，实现情感共通的一个过程，换一种说法就是“移情”。放在具体的司法裁判环境中，可以理解为裁判者的“将心比心”，而裁判者的这种“移情”则会使其更加认同或者倾向于某一方当事人所代表的利益关系。裁判的达成是阶段性的，其中理智和情感存在交互作用。[①]

与德国法感情理论相似，我国学者也关注到司法裁判过程中的“法感”等主观心理因素。学者陈林林提出，法律人在接触待决案件时，都能借由潜意识、直觉和经验得出一个初步法律结论，这种感性的判断能力被称为“法感”。[②] 李安教授对法感、司法直觉等问题进行了系统研究，他认为，“法感”是作为法律职业人基于法律职业、司法阅历以及法学知识，而在一般直觉基础上所形成的一种高级司法认知。[③] 直觉可以看作不受意识监控的推理与顿悟处理观念关系的产物，它是一种缺乏意识的过程，是一种不连续的信息加工机制，无须使用意识推理而直接获得知识，且本身的形成也在人类意识监控之外。心理学的研究已经发现，个体已有的知识经验会自动地干扰逻辑推理过程，并且这种效应会随着加工时间的缩短而明显增强。[④] 从这一结论可以反推，虽然直觉是基于个人经验产生的，具有持久的惯性，但是如果作出裁判的时间适当延长，个体直觉干扰推论的过程就会得到一定程度的矫正。

从美国的现实主义法学到德国的“法感情”理论，以及我国学者所讨论的法感与直觉等问题，尽管价值取向各有不同，但其相通之处，都在于努力揭示司法裁判过程中法官的感情因素发挥作用的原理或机制。法官的主观世界，尤其是对待案件的情感问题可能是法官异质性的最大来源。同时我们也认识到，司法裁判并不总是受到感情因素控制的，可以说，感情因素有时会

---

① 赵希：《德国司法裁判中的“法感情”理论——以米夏埃尔·比勒的法感情理论为核心》，载《比较法研究》2017年第3期，第102页。

② 陈林林：《直觉在疑案裁判中的功能》，载《浙江社会科学》2011年第7期，第48页。

③ 李安：《法律直觉是什么》，载《杭州师范大学学报》（社会科学版）2013年第5期，第116页。

④ 李安：《司法过程的直觉及其偏差控制》，载《中国社会科学》2013年第5期，第144—146页。

对司法裁判结果形成决定性影响，有时则不；从另一个角度也可以说，这些感情因素发挥作用的方式，有时候是显现的，有时候则是隐含的。以后果论的立场来说，对裁判过程中产生的感性因素不加控制而影响最终结果显然有悖于现代司法公平、公正等价值追求，因此司法过程中法官的感情因素有些是积极的、正当的，有些则是消极的、应该被抑制或消灭的。卡多佐学院的理查德·威斯伯格教授认为："判决意见中所使用的语言和修辞比判决结论更加重要，因为它们决定着所要得出的结论的对错，为了理解法律正义，我们必须考察隐藏在语言和修辞之中的法律主观领域的'内部世界'。"① 对于那些与社会整体价值观契合的、具有积极意义的主观情感对司法裁判所发挥的影响，应被允许通过适当的修辞方式外化于裁判文书的表达之中。而感情问题仅仅依靠消极修辞经常是难以准确描述和表达的，而这正是积极修辞的用武之地，可以说，司法裁判中的积极修辞正是以司法过程中总是存在而仅在特定条件下才发挥作用的主观情感为客观基础的。

（二）司法裁判回应听众情感需求的必要

权力具有要求他人服从进而在其他人身上实现自己意志的内在属性，其本质就是在其他人身上实现自己的意图。权力的这一属性也同样适用于司法权力。裁判文书是司法裁判的书面表现形式，它是司法活动的直接载体，不仅展现了诉讼各方当事人在司法过程中的行为表现，更呈现了法官的裁判结果与理由。在司法过程中，司法权力就是裁判者通过制作司法裁判文书，将自己的结论观点灌输给各层级听众，使其接受、信服，从而实现定分止争、维护社会秩序、强化社会整合的目标。恰当的修辞不仅可以使司法裁判的释法说理通过较小成本的方式得以实现，还可将枯燥、冷冰冰的法律文书变得更为积极鲜明，体现人文关怀。

最高人民法院《人民法院第三个五年改革纲要（2009—2013）》，要求"继续推进审判和执行公开制度改革，增强裁判文书的说理性，提高司法的

① 朱景文主编：《当代西方后现代法学》，法律出版社2002年版，第287页。

透明度，大力推动司法民主化进程”。司法领域民主化进程的重要内容便是司法公开，其不仅要求司法裁判的结果应公之于众，而且要求裁判文书给出理由，实现司法裁判的深度公开。这也对司法裁判的释法说理提出了更高的要求，不仅要做到合法、客观、公正，在阐明法理的同时还应该兼顾情理、主流价值等，必要的情况下法官还应将自己的主观裁判心路予以梳理、总结、呈现，以求实现最大化的社会接受。“如果把司法裁判文书看作法律产品的生产，那么裁判文书中的修辞就可以看作法律产品的促销手段，只有经过修辞的裁判才能让公众更好地接受。”① 司法裁判的深度公开让原本除了专业人士和少数参与者之外，普通民众难以接触的专业法律文书公之于众，接受更多人的审视。作为专业的法律文书，伴随着严谨的逻辑推理，内容必定充斥着晦涩难懂的专业术语，难以为普通民众所理解，在一定程度上，裁判文书与社会公众之间的这种距离无益于司法权力的运行与法律目的的实现。在这样的背景之下，如何在保证司法公正的前提下，把枯燥、专业的法言法语变成民众更易理解和接受的鲜活语言，就成为必须认真考虑的问题。可以说，当广大民众密切关注司法裁判内容并显示出强烈的感情需求的时候，裁判文书寓情理、道德、价值于语辞的积极修辞方法，就成为司法裁判释法说理的必要内容。

从当前整个社会的大背景来看，社会变革带来的失范、价值冲击等问题体现在司法领域便是不确定性的增加，这也是司法信任危机的重要源头。在法律领域内，有些不确定因素无法消除，但是为了法律最终目的的实现，降低民众在司法过程中因为法律，或者其他不确定因素所可能承受的风险可能性，是一个必须予以考量并尽力解决的问题。对确定性的追求离不开恰当的修辞。作为直接面向听众释法说理的专业事务性文书，裁判文书应该做到理法并修、情法兼顾，除了阐述法官的专业判断之外，也不能忽视听众的情感需求。由于司法专业化程度的加深，现代司法裁判文书更加注重其理性、庄

① 洪浩、陈虎：《论判决的修辞》，载《北大法律评论》2003 年第 5 卷第 2 辑，第 425 页。

重的语词风格。裁判文书的形式化固然有其追求客观性、彰显司法理性的优势，但如果裁判文书过于追求用词谨慎，会造成过度形式化。如果裁判文书忽视听众主观上的情感需要，则可能造成听众对司法裁判的不理解甚至质疑。

例如，李昌奎案的二审判决书中写道，“本院认为，上诉人李昌奎目无国法……被告人李昌奎在犯罪后到公安机关投案……属自首；在归案后认罪、悔罪态度好；并赔偿了被害人家属部分经济损失，故上诉人李昌奎及其辩护人所提被告人具有自首情节、认罪、悔罪态度好，积极赔偿被害人家属的上诉理由和辩护意见属实，本院予以采纳”①。通过这样一段形式化的内容，二审法院直接得出了“对李昌奎应当判处死刑，但可以不立即执行”的判决结果。这样的判决书不仅没能得到该案被害人家属的理解和接受，当通过网络媒体传递给社会公众后，更是引起了一边倒式的批判，案件引发的社会影响也越来越大，导致该案的审理法官以及云南省高级人民法院都被推到了社会舆论的风口浪尖。云南省高级人民法院副院长田成有在回应社会质疑时提出，“李昌奎案的判决是审委会全体成员集体过半数作出的，其程序是合法的，结果也是公正的。但最大问题在于判决书说理不充分，没有将判决所考虑的因素都交代清楚。”② 一方面，“杀人者偿命”的复仇观念在中国的社会文化中根深蒂固，深刻在国人的价值观念中。社会大众对于故意杀人行为的态度多为不予容忍，甚至极度痛恨。在这样的社会背景下，李昌奎案中被告人强奸、故意杀害少女，且将三岁幼童活活摔死的罪行，在包括被害人家属在内的公众眼中本就死不足惜，改判的结果明显与公众的正义观、同情弱者的情感倾向相左，难以满足公众的期待。另一方面，法官在判决中并没有将裁判过程中考虑到的因素通过合理的方式予以说明。例如，在此案审理之前不久，最高人民法院出台了《关于贯彻宽严相济刑事政策的若干意见》，其中第22条规定，对于因恋爱、婚姻、家庭、邻里纠纷等民间矛盾激化引发的犯罪，

---

① 李昌奎故意杀人案，云南省高级人民法院（2010）云高刑终字第1314号判决书。

② 《李昌奎案办案法官：再审看似公正实则伤害法治》，载 http：//legal. people. com. cn/GB/15324738. html，最后访问日期2019年12月10日。

因劳动纠纷、管理失当等原因引发、犯罪动机不属恶劣的犯罪，因被害方过错或者基于义愤引发的或者具有防卫因素的突发性犯罪，应酌情从宽处罚。而此案正属于因恋爱关系所引发的民间矛盾，考虑到与一般犯罪行为相比，犯罪人的主观恶性相对较低，因此贯彻“严宽相济”的刑事政策，才在量刑上有所轻判。尽管审理法官认为李昌奎案的二审审理过程合法、结果公正，但因为不能得到被害人家属的认可、接受，也没能得到社会公众的普遍接受。云南省高级人民法院也不堪舆论压力，对该案作出了再审决定。法官在裁判说理部分寥寥几笔形式化的理由内容，显然不能保证判决的可接受性，不仅没有传递出裁判过程中法官的种种考量，未能让受众理解和接受裁判结果，更是一度让司法权威受到削弱。

而在北京市第一中级人民法院审理的李某醉酒驾驶一案中，当法官面对“罪刑法定原则与个人情感接受度之间发生冲突”时，一方面选择遵守法律规定，严守法律底线，另一方面为了安抚受害者家属，保证判决的可接受性，法官将本案量刑所应顾及的大局观予以明示，以高超的修辞技巧详细说明了个案中个人情感向法律规定低头的必要性，提升了裁判的说服力。在此案的刑事附带民事裁定书中，法官写道：

虽然在法律层面上，本案只是一起典型的醉酒超速驾车发生事故致人死亡的交通肇事案件，但在情感方面，本案被害人张某1是一名对未来人生充满美好憧憬、正在努力准备高考的高三女生。可以想象，当这个正值花样年华的少女在完成一天繁重的课业，准备通过人行横道过马路返回家中享受父母的呵护时，无论如何不会想到自己那本该精彩的人生、尚未绽放的生命，会终结在一个素昧平生的醉酒司机手中。而更加残酷的是，被害人的母亲，本案上诉人之一闫某当时正在马路另一侧准备迎接自己的女儿。近在咫尺的母亲目睹女儿被车撞击的过程，此时这对母女之间的距离也许就是人世间最近却又最遥远的距离。这一场景对于任何具有正常情感和同情心的人来说，都是可以想象到的最为悲伤的画面之一。正因如此，在本案二审审理过程中，特别是在面对正处中年却已早生华发的被害人之母闫某以及沉默寡言的被害人之父张某2时，合议庭法官同样经历了最为痛楚的心路历程。

如果基于一般的社会情感及其体现出的情绪评价，一审判决对被告人李某1科处的刑罚可能无法与被害人及被害人父母遭受的痛苦相匹配。但基于前文对本案事实、证据认定及法律适用方面的分析，这种失衡并非源于一审判决在事实、证据认定或法律适用方面存在错误，而是源于罪刑法定原则与个人情感接受度之间的冲突。在面对内心悲伤情绪激动的被害人亲属时，合议庭也曾经多次讨论过是否要为了追求被害人亲属的情感接受度与刑罚的高度契合，而改变本案的定罪与量刑。但法官不应是情绪化的法律人，而应是能够遵守法律规定，严守法律底线，在法律框架内从事审判活动的理性法律人，不能以个人同情之心去突破法律规定和司法认知界限。因此，在经历情感与法律的艰难抉择后，合议庭一致认为，对于案件的审判只能以法律为唯一标准和底线。虽然尊重被害人亲属的情感是司法联系人民群众的重要纽带，更是司法裁判合法性及正当性的基础，是实现公平正义的重要依托，但是司法对于当事人情感的尊重不能是盲目的和随意的，必须是基于理性而非感性，必须遵循司法规律而非个人道德观念，必须保证坚守法律界限而非个人价值选择，必须坚持公正立场而非袒护一方。无论是根据法律，还是司法规律，刑事审判都应该坚持以罪定刑，如果仅仅为追求最终刑罚后果与被害人亲属情感的契合来决定案件罪名，就会演变为以刑定罪，不仅会使刑事责任失去确定性，而且会使刑事法律规范也失去确定性，其代价就是牺牲刑法的基本原则和法治的基本精神。也许，在个案角度，突破罪刑法定的基本原则选择适用重罪罪名得出的刑罚结果可以满足被害人亲属情感对个案公正的需求，但在这种情况下，定罪沦为量刑的装饰，司法权力堂而皇之地摆脱了制约，甚至会导致司法权篡夺立法权；更加危险的是，这种思路势必导致审判结果更多取决于法官个人道德观念或是并不稳定的当事人情绪，司法很容易为个人情感所左右，法律的尊严终将丧失殆尽，民众对于法律尚未坚固的信仰会轰然坍塌，建设法治化国家的努力也将付诸东流。若此，何谈依法治国？因此，无论怎样追求罪刑均衡，均不能突破罪刑法定原则的底线。

面对本案这样一起对被害人一家造成严重伤害的悲剧，合议庭法官完全能够理解被害人亲属，特别是上诉人张某2、闫某在本案诉讼过程中，多次强烈表达诉求的心情，也深知再严谨的逻辑论证也不能挽回被害人的生命，再专业的法律分析也不能抚平被害人亲属的悲伤。也许在被害人亲属看来，上述判决理由过于冰冷无情，但可以确定的是，本案的裁判结果是合议庭法官经历对情与法的纠结和挣扎后，严格依据法律所作，而且也是合议庭唯一能够作出的裁判结果。①

一般而言，感情是人的一种主观情感，内化于心，其对行为的影响经常是难以觉察和判断的。该判决的可贵之处在于法官对于合议庭的裁判历程中的主观心理无隐瞒之意，为充分表达心理活动，在进行说理的时候毫不吝啬积极修辞的运用，将对法治规则的尊重、对花季少女生命的惋惜、对受害人家属的同情等诸多因素融入了判决的说理内容，直接而坦诚地向听众揭示了法官在司法裁定过程中的道德情感、价值选择发挥作用的过程和结果，让听众看到了裁判者的主观内心世界。同时也是因为照顾到裁判可能引发听众的情感反应，恰当的语词陈述让我们看到了一个既期待维护司法权威、法律尊严，又体恤受害者家属感情的鲜活的法官形象，认可其对各种复杂因素的考量而非简单机械适用法律。至少从本案来说，相比于忽略或回避情感因素的论述方式，这种更平易近人、体现司法人性化色彩的说理方式更有利于促成听众对裁判结果的接受和信服。

二、我国裁判文书中积极修辞的应用现状

（一）积极修辞应用的案件类型

积极修辞的主要作用是激起情感，因此凡是在矛盾冲突激烈、涉及感情程度比较深的案件中，都存在对感情问题进行回应的可能，也就有运用积极修辞的空间。从我国目前裁判文书写作风格来看，积极修辞的应用多存在于

① 李某醉酒驾驶案，北京市第一中级人民法院（2015）一中刑终字第1797号刑事附带民事裁定书。

民事领域，尤其是道德伦理色彩比较浓重的婚姻家庭关系的案件中。这主要是由于相较其他类型的案件，民事法律纠纷中，原被告双方之间往往存在爱情、亲情等很多伦理、情感因素，法官的自由裁量空间相对较大，同时处理这种包含情感内容的社会关系的必要性也更强。而且，民事案件数量众多，即便其中包含情感内容的案件总占比不大，但其绝对数量也非常可观，这对法官处理民事案件法律关系中的情感内容设定了不小的论证负担，因此积极修辞的应用就相对较多。例如，在江苏省无锡市中级人民法院关于“冷冻胚胎”案最大的争议焦点就是冷冻胚胎的法律属性，因为现行法律并未对其进行明确规定，所以在进行说理的时候法官综合考量了多方因素，其中就包括情感方面的因素，法官在此案判决理由部分写道：“白发人送黑发人，乃人生至悲之事，更何况暮年遽丧独子、独女！沈某、刘某意外死亡，其父母承欢膝下、纵享天伦之乐不再，‘失独’之痛，非常人所能体味。而沈某、刘某遗留下来的胚胎，则成为双方家族血脉的唯一载体，承载着哀思寄托、精神慰藉、情感抚慰等人格利益。涉案胚胎由双方父母监管和处置，既合乎人伦，亦可适度减轻其丧子失女之痛楚。”[①] 通过平实易懂的语言将暮年失独父母的痛楚明示于裁判文书中，既能体现出法官对上诉人情感上的感同身受，安抚、慰藉上诉人，又能让其他关注案件的社会公众感受到司法裁判的人文关怀。

在刑事案件中，由于被告所涉及犯罪行为社会危害较大，对被告所作出的裁判一方面关系到被告自身的人身自由、政治权利甚至生命这些重大利益，另一方面由于犯罪行为破坏社会关系程度严重，社会公众也更易有情感代入。刑事案件的裁判不仅是在化解社会纠纷，更是对被犯罪破坏的社会关系的恢复和重建。有学者认为，基于对“罪刑法定”原则的贯彻，刑事案件的罪与非罪、此罪与彼罪，甚至刑罚轻重之间都有着法定的界限。就刑事判决书的修辞而言，它应当倾向于强调一种“以记述事物的条理为目的”的消极修辞

---

① 沈某南、邵某妹与刘某法、胡某仙诉南京鼓楼医院案，江苏省无锡市中级人民法院（2014）锡民终字第01235号民事判决书。

风格，而应当尽量排斥那种“以表现生活的体验为目的”的积极修辞风格。[①] 学者孙光宁亦认为，由于刑事领域的严肃性以及对罪刑法定原则的严格执行，积极修辞很少能够在其中发挥作用，换言之，刑事领域的判决并不需要太多的“说服”工作。[②] 因此，刑法领域的司法裁判文书应该以严谨、客观、冷静的消极修辞为主。刑事案件所具有的上述特点无须置疑；与此同时，与民事案件和行政案件相比，刑事案件承载着更多的惩恶扬善观念，具有更强的提升社会凝聚力的整合功能。刑事案件中社会关系所涉及的人类情感往往比其他类型案件更为强烈，因此法官对此进行妥当处理和回应是更为必要的。

具体而言，在刑事案件中，常见的感情关系是受害人及其家属对被告及其犯罪行为的痛恨，社会公众基于惩恶扬善的基本道德立场也经常产生痛恨犯罪、同情受害者的感情。从社会舆情层面来说，刑事案件中强烈的感情因素比民事案件更易引发民众的同情心和代入感。在于某案的一审判决中，法院认为：“被告人于某面对众多讨债人的长时间纠缠，不能正确处理冲突，持尖刀捅刺多人，致一名被害人死亡、二名被害人重伤、一名被害人轻伤，其行为构成故意伤害罪，公诉机关指控被告人于某犯故意伤害罪成立。被告人于某所犯故意伤害罪后果严重，应当承担与其犯罪危害后果相当的法律责任，鉴于本案系被害人一方纠集多人，采取影响企业正常经营秩序、限制他人人身自由、侮辱谩骂他人的不当方式讨债引发，被害人具有过错，且被告人于某归案后能如实供述自己的罪行，可从轻处罚……被告人于某犯故意伤害罪，判处无期徒刑，剥夺政治权利终身。”[③] 这一判决引发了社会巨大反响。多数民众对作为犯罪人的于某给予了极大同情，认为其悲可悯，其情可宥。他在被多人限制人身自由，尤其是母亲被侮辱情况下的行为至少部分情有可原，被判处无期徒刑显然过重。不仅此案本身，民众对此案涉及的警察

---

① 厉尽国：《判决中的修辞方法及其反思——以“李庄案”为例》，载陈金钊、谢晖主编：《法律方法》（第11卷），山东人民出版社2011年版，第22页。

② 孙光宁：《判决书写作中的消极修辞与积极修辞》，载《法制与社会发展》2011年第3期，第68页。

③ 于某故意伤害案，山东省聊城市中级人民法院（2016）鲁15刑初33号刑事附带民事判决书。

接警后处置不力、个别受害人可能涉黑等问题也进行了激烈而具有发散性质的讨论。这种强烈的舆情关注引发了此案的后续处理，最高人民检察院介入，山东省人民检察院不仅对于某案进行了重点调查，而且对此案中出警民警的行为进行详细调查和性质认定。此案的公诉负责人接受记者采访，指出："本案中，于某在认识到自己和母亲的人身自由、人格尊严受到严重不法侵害、人身安全受到严重威胁的情况下，持刀捅刺杜某浩等人的行为，正是为了保护自己和母亲的人身自由、人格尊严、人身安全等合法权益免受不法侵害而实施的。"二审判决中，山东省高级人民法院在量刑理由部分写道："案发当日被害人杜某浩曾当着于某之面公然以裸露下体的方式侮辱其母亲苏某，虽然距于某实施防卫行为已间隔约二十分钟，但于某捅刺杜某浩等人时难免不带有报复杜某浩辱母的情绪，在刑罚裁量上应当作为对于某有利的情节重点考虑。杜某浩的辱母行为严重违法、亵渎人伦，应当受到惩罚和谴责，但于某在实施防卫行为时致一人死亡、二人重伤、一人轻伤，且其中一重伤者系于某持刀从背部捅刺，防卫明显过当。于某及其母亲苏某的人身自由和人格尊严应当受到法律保护，但于某的防卫行为超出法律所容许的限度，依法也应当承担刑事责任。认定于某行为属于防卫过当，构成故意伤害罪，既是严格司法的要求，也符合人民群众的公平正义观念。"① 最终认定于某犯故意伤害罪，改判有期徒刑 5 年。

随着现代社会的发展，出现了一些特殊的犯罪行为，社会公众对于犯罪人的惩恶意愿要弱于传统恶性犯罪，因而刑法对其的调整在惩罚犯罪的同时又增加了恢复社会关系的内容。例如许霆利用银行自动柜员机的漏洞多次取款的行为便属此类。在这一案件中，一审判决认定许霆盗窃 17 万余元，判处无期徒刑，并处没收个人全部财产。这一判决之所以引发社会强烈热议，根本原因是判决没有考虑这种犯罪行为的出现所具有的技术性因素，即自动柜员机出现异常的技术性因素意味着与一般的蓄意盗窃行为相比，本案犯罪人

---

① 于某故意伤害案，山东省高级人民法院（2017）鲁刑终 151 号刑事判决书。

的主观恶性更低，因此此案再发概率也更低。此时仍依据一般情形对盗窃行为进行惩戒，社会公众会认为刑罚力度过重。二审裁判在说明相关考虑的情况后，改判有期徒刑5年。

从前述的李某醉酒驾驶案以及于某案来看，刑事案件中积极修辞的应用主要不是用于对犯罪行为恶劣程度的描述，因而也不是为从重处罚寻找理由，而主要用于描述法官与受害人家属预期相比之下的“量刑从轻”理由。正如有学者所指出的，在刑事案件中对法律修辞的应用“应当基于‘罪疑从轻’或‘罪疑从无’的考虑‘出罪’而非‘入罪’”①，笔者亦深以为然。除了民事、刑事两大领域的案件外，行政案件的数量也随着公民权利意识的提升以及行政诉讼制度的不断健全而有所增加。但由于行政诉讼受理的案件类型法定化较强，其内容关涉国家行政权行使的合法性，因此行政诉讼裁判内容比较格式化，形式上也偏向于“公事公办”的严肃公务性文书。

上文所分析的积极修辞应用场域主要是根据部门法的分类进行的。而按照案件的复杂程度来看，积极修辞的应用场域则主要集中于疑难复杂案件。因为在简单、常见的案件中，案件事实往往比较清晰，相应的法律规定也都清楚明确，多数情况下消极修辞的运用就能做到析理有据，裁判文书的说服力也就有所保障。而在疑难案件中，面临多样化、复杂，各种利益交织、冲突的法律关系时，以法官为代表的法律职业群体对案件事实的认定和裁判理由的选择难以实现一致。此时，在运用理性论证方法之外，也需要借助于积极修辞策略。“恰当的积极修辞能够引起当事人对裁判结论的精神情感上的共鸣，使得更多的人在对法律规范内容以及案件处理结果有不同理解的同时能够赞成某一法律裁判结论。”② 反过来也可以说，疑难复杂案件加重了法官对其裁判的说理负担，同时也为法官的论证提供了更大的发挥空间，因此积极修辞才能得以发挥作用。

---

① 厉尽国：《判决中的修辞方法及其反思——以“李庄案”为例》，载陈金钊、谢晖主编：《法律方法》（第11卷），山东人民出版社2011年版，第22页。

② 季卫东：《法治秩序的建构》，中国政法大学出版社1999年版，第131页。

（二）积极修辞的内容来源

在裁判文书中，消极修辞与积极修辞具有不同的特点，其依赖素材的内容来源也不尽相同。消极修辞简明、严谨，满足司法裁判文书客观、专业、严肃的需求，从其相关素材的内容来源上说，事实认定部分主要来自合法、有效的证据事实，现行证据规则，有时还包括科学知识、日常生活经验法则等，法律适用部分则主要借助于具有正式法律渊源地位的规范进行表述。相比之下，积极修辞作为相对感性的，引发听众感情的表达方式，强调的是通过修辞手法的综合运用让听众有所感知，其所使用素材的来源更为广泛，内容也更为丰富。除了上述消极修辞会使用到的素材之外，积极修辞还会借助于传统道德观念、善良风俗、地方习惯、古代诗词、典故、先哲语录等多种素材，为司法裁判文书增添了许多人情味道与人文色彩，能够唤起听众的感情共鸣，而积极修辞的生命力也正通过这些内容丰富的多元素材而得以展现。

在一起刑事自诉案中，金某认为其弟、妹诈骗父母房产，因而对其弟、妹提起刑事自诉，在驳回申诉通知书中，法官写道："孝敬父母、兄弟和睦本是中华民族的传统美德，也是我国社会主义核心价值观的重要内容。你作为家中长子，在父母去世后，更应该对弟、妹关心爱护，担负长子责任。如果说因共有财产权属纠纷通过民事诉讼途径解决尚可理解的话，在民事诉讼结束、相关权属争议已经确定的前提下，不能正确对待，继而提出刑事控告和自诉，被公安机关及人民法院不予立案后，继续不断申诉，欲将弟、妹被刑事追究，却是常人所难以理解的。山西平遥古县衙有一门联，上联是'莫寻仇，莫负气，莫听教唆，到此地费心费力费钱，就胜人终累己'，虽有历史局限，却反映风土人情，望你仔细斟酌，服判息诉。"① 从内容上来看，法官引用了中华民族的传统美德，也强调了这是社会主义核心价值观的内容，还借用了我国平遥古县衙的一副对联，以强化服判息讼的说服效果。

另有一例，江苏省泰兴市中级人民法院法官为了说服离婚诉讼的双方继

---

① 金某诉金某1、金某2诈骗案，山东省威海市中级人民法院（2017）鲁10刑申6号驳回申诉通知书。

续维系婚姻关系，在“本院认为”部分引用了辛弃疾《青玉案·元夕》广为传唱的一句，“众里寻他千百度，蓦然回首，那人却在灯火阑珊处”。[①] 体现中华民族传统美德的《孝经》，则出现在多份裁判文书之中。其中，在王某芳与潘某明、潘某义赡养费纠纷之中，判决书中写道：本院还需要特别指出的是，孝敬父母，尊重老人是中华民族的传统美德。孝顺父母，不但是为人立身之本，家庭和睦之本，更是国家安康之本，社会和谐之本，所谓“百善孝为先、百德孝为首、百教孝为始”正基于此。常言道“你养我长大，我陪你到老”，父母能不辞辛苦抚养儿女长大成人，儿女也应不讲条件地照顾和赡养老人，动物尚有“乌鸦反哺”“羊羔跪乳”之举，而人理应做得更好。本案中，原、被告双方当事人因为家庭琐事互生嫌隙以致年老体迈多病的原告未得到子女尽心赡养照顾，不仅有违相关法律规定，更与我国良好的社会风尚不符；同时，本院还特别注意到原告到庭时孤身一人、步履蹒跚，正处于急需子女赡养照顾的紧要关头，本案所判赡养费仅是解决原告最基本的生活所需，本院特别希望两被告能与其他兄弟姐妹友好协商，共同担负起对母亲的赡养责任，切勿因一时家庭纠纷而造成“子欲养而亲不待”的遗憾结局。另外，为推动原告王某芳赡养问题的有效解决，本院特在本案判决书中附“百善孝为先”相关篇章，希望对双方当事人处理赡养问题有益。[②]

无论是《孝经》或是为人传唱的诗词，能够彰显道德感、唤起情感的中国传统文化内容正逐渐被运用到司法裁判文书中。众所周知，中国五千年文明史中极具色彩的一笔就是“礼仪之邦”的信念，许多的道德伦理意识根深蒂固，对中国人的教化更是潜移默化于无形之中。例如，中国自古倡导“天下兴亡，匹夫有责”的爱国报国精神；倡导“羊羔跪乳，乌鸦反哺”的孝悌精神，倡导“先义后利，取财有道”的义利观，诸如此类举不胜举。而这些

① 黄某甲与王某离婚一案，江苏省泰兴市中级人民法院，(2016) 苏 1283 民初 3912 号民事判决书。

② 王某芳诉潘某明、潘某义支付赡养费一案，江苏省灌南县人民法院 (2018) 苏 0724 民初 5786 号民事判决书。

传承至今的道德伦理在裁判文书中被引用以辨别是非曲直，在为裁判文书灌注人文主义内容的同时，也更容易为人所理解、接受。也就是说，简单易懂的生活常理、中国的传统文化、道德认知等看似与法律关系不大的内容，为司法裁判文书中积极修辞的运用提供了强大的“资料库”。

（三）积极修辞在裁判文书中的应用位置

我国裁判文书的主体内容，除了诉讼当事人信息与诉请以及最终的裁判结果之外，一般可以分为事实认定和法律适用两个部分，通常以“经审理查明”与“本院认为”两种典型表述方式作为标识。个别裁判文书在全文结束后附有法官后语或称法官寄语。案件事实的认定部分主要内容涉及对双方证据进行判断采信以形成证据事实，以此为基础，合法、合理构建案件事实，从三段论的逻辑推理角度来说就是再现“小前提”。法律适用部分则是根据所认定的案件事实，确定法律裁判的相应法律依据，对事实作出法律评价，从三段论的逻辑推理角度来说就是寻求最为适合的“大前提”。

尽管通过司法过程意欲还原客观事实，但遗憾的是过去无法复现，曾经客观存在过的客观事实几乎不可能在事后基于证据而被完全还原。呈现于司法过程中的证据经常是碎片化的，而且即便基于相同的证据，不同主体对案件事实的认定、理解也可能会有所出入，继而导向不同的法律评价。因为司法过程中的事实其实是诉讼主体重新构建的，而出现“相同证据不同事实文本”的最主要原因就是叙事方式的不同，这同时也意味着错综复杂的法律关系可能并不能清晰呈现。因此法官在司法审判过程的首要工作是认定案件事实。从一般裁判文书的写作要求来看，事实认定部分即“经审理查明”部分的表述，应当清晰明确呈现出采信证据的依据与结果以及最终认定的案件事实，基于这种考虑，在事实认定部分极少使用积极修辞方法。然而，这并不意味着仅使用客观、理性、简明的消极修辞对案件事实形成完整、清晰表述便是案件事实论述的理想状态。

例如，在曾引发广泛讨论的崔某杰案中，法官对所认定的案件事实进行了如下表述：被告人崔某杰于2006年8月11日17时许，在北京市海淀区中关村一号桥东南侧路边无照摆摊经营烤肠食品时，被北京市海淀区城市管理监察大队的执法人员查处，崔某杰对此不满，以持刀威胁的手段抗拒执法，当执法人员将崔某杰经营烤肠用的三轮车扣押并装上执法车时，崔某杰进行阻拦，后持刀猛刺该城市管理监察大队海淀分队的现场指挥人员李某强（男，殁年36岁）颈部一刀，致刀柄折断，后逃离现场。李某强因被伤及右侧头臂静脉及右肺上叶，致急性失血性休克死亡。① 此案案情并不复杂，案件事实清晰明确，然而建立在这一案件事实基础上的裁判却在社会公众中引起相当大的不满。对此，学者刘燕提出其反思："一个简单的刑事案件，证据确凿充分，案情经过清晰明了，也没有在法律规范上产生争议，可判决却不为公众所认同，甚至被视为不正义——问题究竟出在哪里?"②

在后来的邓某娇案中，法院认定了如下案件事实：2009 年 5 月 10 日晚上 8 时许，时任巴东县野三关镇招商办主任的邓贵某和副主任黄某智等人酗酒后到巴东县野三关镇"雄风宾馆梦幻城"玩乐。黄某智进入"梦幻城"5 号包房，要求正在该房内洗衣的宾馆服务员邓某娇为其提供异性洗浴服务。邓某娇向黄某智解释自己不是从事异性洗浴服务的服务员，拒绝了黄某智的要求。并摆脱黄某智的拉扯，走出该包房。与服务员唐芹一同进入服务员休息室。黄某智对此极为不满，紧随邓某娇进入休息室，辱骂邓某娇。闻声赶到休息室的邓贵某，与黄某智一起纠缠、辱骂邓某娇，拿出一沓人民币向邓某娇炫耀并搧击其面部和肩部。在"梦幻城"服务员罗某建、阮某凡等人的先后劝解下，邓某娇两次欲离开休息室，均被邓贵某拦住并被推倒在身后的单人沙发上。倒在沙发上的邓某娇朝邓贵某乱蹬，将邓贵某蹬开。当邓贵某再次逼近邓某娇时，邓某娇起身用随身携带的水果刀朝邓贵某刺击，致邓贵某左颈、左小臂、右胸、右肩受伤。一直在现场的黄某智见状上前阻拦，被刺伤右肘关节内侧。邓贵某因伤势严重，在送往医院抢救途中死亡（殁年 45 岁）。经法医鉴定：邓贵某系他人用锐器致颈部大血管断裂、右肺破裂致急

---

① 崔某杰故意杀人案，北京市第一中级人民法院（2006）一中刑初字第3500号刑事判决书。
② 刘燕：《法庭上的修辞——案件事实叙事研究》，光明日报出版社 2013 年版，第 7 页。

性失血性休克死亡。黄某智的损伤程度为轻伤。[①]

这两起案件引发广泛社会讨论的原因是多方面的，当然不能仅仅归咎于法官裁判文书的问题。具体到裁判文书对案件事实的表述，笔者认为，这两个案件对案件事实的表述单独看起来都无明显问题，但是正因为其尽力保持中立客观的立场，而并没有对社会中存在关切、疑问的部分进行回应，甚至对社会中已经形成争议点的问题通过抽象的表述进行了简单处理，因此没有得到良好的社会回应。

此外，从司法实践来看，虽然法官们在案件事实认定部分使用积极修辞的情形很少，但是多数裁判文书，尤其是刑事案件裁判文书会明确列明证人证言，且都尽量保持证言原文。而证言原话中包括很多口头语、方言，更不乏夸张歪曲词汇。例如，在杨国某、杨启某寻衅滋事案的二审裁定[②]中，在案情并不复杂的情况下裁判文书有六十页之多，其中大多数篇幅是对证人证言原文的叙述。这些内容虽不是法官所直接书写，但亦是出现于裁判文书中的积极修辞内容。对证人证言是否应无一例外地全部出现在裁判文书中，还值得进一步思考。

在裁判文书的法律适用，即“本院认为”部分，法官将根据所认定的案件事实寻找裁判依据，为最终的裁判结果给出法律上的理由，这也是一般意义上认为法官释法说理的重点所在，直接体现了裁判文书整体的说服力以及可接受性水平。作为制定法国家，我们的裁判文书中裁判理由的选择范围相对固定，凡是有法律明文规定的情况，无疑应该依照法律列明裁判理由。同时，由于抽象的法律规范与复杂的社会关系之间总是存在缝隙，“法律规范大多都有解释空间，在这个空间内，可以从字面上赋予同一法律规范不同的含义，而进行解释的时候则只能选择一种。”[③] 对这种选择理由的解释，一方

① 邓某娇故意伤害案，湖北省巴东县人民法院（2009）巴刑初字第82号刑事判决书。

② 杨国某、杨启某寻衅滋事案，广东省茂名市中级人民法院（2018）粤09刑终214号刑事裁定书。

③ ［德］齐佩利乌斯：《法律方法论》，金振豹译，法律出版社2009年版，第35—36页。

面法官可以通过法言法语给出专业性理由，另一方面也会使用一些修辞手法对法律条文的选择、理解等内容进行说明。当然，这一部分的积极修辞是在法律精神的观照下进行，不管是对法律理由的寻章摘句、谋篇布局，还是对法律条文内容的解释，以及案件可能涉及的价值评价，都应该立足法律的准绳，在法律允许的“射程”之内进行。从司法实践来看，不少法官都选择在论述完裁判的法律理由之后，在作出最终的判决之前，对案件裁判中一些特别考虑的事项进行论述，这其中就包含了不少积极修辞的应用。例如我们前文提到的李某交通肇事案等多个案件，积极修辞都是出现在这一位置。从其功能上看，这种使用积极修辞手法所进行论述的内容应被视为裁判理由的补充部分，即裁判理由不仅包括法理，亦有情理。

另外，在司法实践中，少数裁判文书后面附有法官后语。从内容上来看，法官后语是法官在文书主体内容的后面所附加的非法定内容，包括对于所承办案件的相关意见、评论，对涉案当事人的劝解等。严格来说，它并非裁判文书的组成部分，只是因为案件的具体情况需要而对裁判结论以及其说理依据的进一步言明。尤其当一般意义上的事实认定与法律上的裁判理由难以做到让听众“心悦诚服”时，为了确保结论的可接受性，以及裁判文书的说服力，在这种情况下，有的法官会选择酌情在裁判文书的法定主体内容之后以后语的形式，进一步对司法裁判结论进行说明。正是因为其目标在于弥补法定裁判理由内容说服性的不足，其内容上多与社会主流的价值观、传统的伦理道德观密切相连，语言大多数具有较强的主观性、感性色彩。

例如，（2017）黑0502民初1670号离婚案判决书的法官寄语中写道：“婚姻家庭就像花圃，花圃要有足够的空间来成长，有时要栽种，有时要翻土，有时要施肥，有时要移植，有时要除草。种花要看季节，季节不同，开的花也不同，婚姻生活也有四季的变化，所以对婚姻的花朵也要细心浇灌，细心的呵护，才能春光满园，风光无限！我个人认为：双方虽然均系再婚，但九年的婚姻生活里相处得还是不错，你们应该珍惜这份感情，如果不是万不得已，还是不要随意地抛弃！我衷心地期望：你们能够珍惜这段来之不易的姻缘，彼此理解，彼此宽容，彼此依赖，彼此习惯，彼此欣赏，彼此奉献，执子之手，与子偕老，将婚姻进行到底！”① 这份法官寄语通过生动感性的语言，使用了比喻、排比等修辞手法，充分表达了法官对当事人未来婚姻生活的期待，其娓娓动人的表达与平铺直叙、就事论事的法言法语相比强化了对案件当事人以及其他关注者的情感关切。就本案当事人而言，无论其是否认同法官的裁判结果，皆会被这些直触人心的语词所打动，从而更为认真地对待自己的婚姻问题；就社会大众而言，这一裁判文书以更积极的姿态回应了听众的情感期待，体现了司法裁判本身的人文关怀。

从以上分析可以看出，当前我国司法实践中，法官对于在裁判文书应用积极修辞持有非常谨慎的态度。从积极修辞应用的整体情况而言，它在裁判文书中出现的概率很低；其语言素材来源非常广泛，但主要集中于传统道德、内心情感等方面的描述和说服，在案件事实与法律裁判理由方面的应用较少。其中出现的一些积极修辞的应用，也具有很强的个体化色彩。可以说，法官对积极修辞的应用还主要停留在自发阶段，多从自身法感情出发，借助于自己的文学素养，主要是对语言的把握能力，来回应案件当事人以及社会公众的情感需求；而对积极修辞本身的正当性基础、具体应用的场景或空间，以及积极修辞的作用限度本身尚未形成有理性基础的理解和把握。

三、积极修辞的功能

从裁判文书的修辞方法上来看，积极修辞在整体上总是处于一种辅助性的角色，因此它不能像消极修辞一样普遍性地适用于每一份裁判文书。法官要正确应用积极修辞，实现其作用最大化，首要的问题就是明确什么情形下是运用积极修辞的“正当需要”，因为对积极修辞的需要正是其发挥功能的价值所在。

---

① 王某诉梁某离婚案，黑龙江省双鸭山市尖山区人民法院（2017）黑0502民初1670号民事判决书。

（一）优化案件事实叙事

在司法过程中，即便基于相同的证据，各方诉讼主体也可能形成不同的事实主张，法官便要在这些不同的事实主张之中认定案件事实，这种认定不仅是对影响最终裁判的案件事实结果的确认，也包括对案件事实的叙述。卡尔·拉伦茨曾经针对案件事实提出："事件必须被陈述出来，并予以整理。在无限变化的事件之流中，为了形成案件事实，总要先作出选择，而在选择时，已经考量到了个别事实在法律上的重要性。"[①] 案件事实的建构依赖于合法有效的证据，也需要借助于逻辑分析建立分散证据之间的链接，但是仅仅依赖这些，有时并不能对案件事实进行完整的、有说服力的叙述。因为串起证据链条的，不仅有逻辑，包括法官生活经验等多种因素也参与了这一过程。要在这样的情形下对案件事实实现完整、融贯叙事，有时便需要借助于更为生动的语言以及法律、证据之外的素材。

在北京市第一中级人民法院一份关于隐私权纠纷的二审民事判决书中，法官在认定涉案隐私信息是否由被告泄露时写道："由于人类科技和认识手段的限制，现实生活中的客观事实很多时候不能通过事后的证明被完全还原……证明活动其实是一种受限制的认识活动，而不是一个无止境的绝对求真的过程……从本案现有证据以及原告在诉讼中的表现看，其行为并未违背作为善意旅客所应有的通常行为方式……具备诚实、善意的状态，不属于自己故意泄露个人信息而进行虚假诉讼……在排除了原告自行泄露可能性之后，被告则存在泄露信息的可能……此外，一个重要的背景因素是，在本案所涉及案件发生前后一段时间，被告等被多家媒体质疑存在泄露乘客信息的情况……综上，本院认定被告存在泄露原告隐私信息的高度可能。"[②] 在没有直接证据可以证明原告所主张个人隐私信息系被告所泄露之事实的情况下，该案法官在现有证据事实的基础上，根据原告的行为对其意图进行推断，根据

---

① ［德］卡尔·拉伦茨：《法学方法论》，陈爱娥译，商务印书馆2003年版，第160页。

② 庞某鹏与北京趣拿信息技术有限公司隐私权纠纷，北京市第一中级人民法院（2017）京01民终509号二审民事判决书。

生活经验以及认知惯性对被告泄露隐私信息的行为进行推定，不仅完成对案件事实的建构，也优化了案情叙事。

中国俗语中经常说“事实胜于雄辩”。在通俗意义上此处的雄辩与积极修辞的意义相当。在司法过程中，证据提供了积极修辞所需要的确定性基础，任何罔顾证据、忽视证据事实的所谓雄辩都不是真正意义上的修辞。[①] 同时，修辞学认为，事实与积极修辞经常是难以严格二分的，至少二者不是互不关联的，司法过程中的案件事实经常要借助于积极修辞而得以呈现，也正因为积极修辞的加入，案件事实的叙述就有了更为鲜明生动的效果。

（二）补强裁判理由

在成文法国家，在进行司法裁判的过程中，当法律有明文规定，无论是以抽象法律原则还是以更为具体的法律规则形式存在，都应作为最根本、最主要的裁判依据。虽然司法裁判是法官依据法律就争议作出裁断的过程，但有时司法裁判所涉及的争议并非单纯的法律意义上的利益冲突，其所折射的是包含价值观念在内的社会分歧。抛开因为个体因素造成的主观理解差异，还有因为“时过境迁”而造成的既定法律与现实需求之间的“留白”。当裁判者对法律规定的具体内容进行解读，尤其当有新的现实情况发生，需要从一个全新视角解读法律并据此得出裁判结论的时候，单凭法律上的裁判理由并不足以实现真正意义上的定分止争，法官有必要引入道德情感等法律之外的内容以实现对裁判理由的补强，积极修辞的运用就成为必要。“消极修辞侧重于法律评价以及法律效果，而积极修辞则更加强调社会意义和社会影响，二者相结合则有利于推动司法裁判法律效果和社会效果的统一。”[②]

例如“隐私权”的概念早在一百多年前便已提出，随着社会的不断变化发展，对公民隐私权的理解应体现时代内涵。在庞某鹏与北京趣拿信息技术

---

① 关于事实与雄辩关系的论述，可参见刘亚猛：《追求象征的力量》，生活·读书·新知三联书店2004年版，第二章“事实与雄辩”。

② 孙光宁：《判决书写作中的消极修辞与积极修辞》，载《法制与社会发展》2011年第3期，第64页。

有限公司隐私权纠纷二审民事判决书中，法官对“姓名、手机号”的个人隐私属性进行了细致分析：至于姓名和手机号，在日常交往中，发挥着身份识别和信息交流的重要作用。孤立看来，不但不应保密，反而是需要向他人公示的。然而，在大数据时代，信息的收集和匹配成本越来越低，原本单个、孤立、可以公示的个人信息一旦被收集、提取和综合就可以完全与特定的个人相匹配，从而形成某一特定个人的详细而准确的整体信息……一旦被泄露扩散，任何人都将没有自己的私人空间，个人的隐私将遭受巨大威胁，人人将处于恐慌之中……本案中，即使单纯的姓名和手机号不构成隐私信息，但当其跟庞某鹏的行程信息结合在一起时，结合之后的整体信息也因包含了隐私信息（行程信息）而整体上成为隐私信息。[①] 此案法官认可每个人姓名、手机号的公示属性，同时从大数据的时代背景出发，明确手机号码与个人整体信息的关联，结合此案具体情况对隐私信息的内容进行了细致的分析，论证有力，大大提升了裁判理由的说服力。

在于某水盗窃案一审刑事判决书中，法官在对“罪与非罪”“此罪与彼罪”问题进行了法律分析之后，在给出刑法裁量理由的时候，进行了这样的论述：综观本案前行为合法后行为违法的全过程，我们认为，被告人犯意的基础动因在于一念之间的贪欲。欲望人人都有，眼耳鼻舌身意，人有感知就会有欲望，所以欲望是人的本性，它来自基因和遗传，改变不了，因而是正常的。欲望本身也是有益于人类的，没有欲望人类可能早已灭绝。与此同时，人作为社会中的存在，欲望必须得到控制，必须被控制在合理范围之内。我们知道，许多犯罪尤其是财产犯罪的最初（甚至是唯一）动因就是贪欲，当然在极端情况下，如严重冻饿、危及生命时，可能还有其他动因，但是属于例外或极少数，这里不予以展开。对财产犯罪科以刑罚，目的就是通过报应和预防两种方式，将人的欲望控制在一个合理范围，不让欲望演变为贪欲而危及他人利益，以维持社会的正常交易秩序和人类正常的生活秩序。所以，

---

① 庞某鹏与北京趣拿信息技术有限公司隐私权纠纷，北京市第一中级人民法院（2017）京01民终509号二审民事判决书。

从这个层面来说，必须对被告人处以刑罚，通过惩罚和警示，将被告人以及有类似想法和行为的人的贪欲限制在一个正常合理的范围之内，以防止犯罪行为的发生。

另外，我们同时认为，应当对被告人科以较轻的处罚。理由是：第一，从主观来说，被告人的主观恶性是较轻的，在知道 ATM 机发生故障之前，被告人就是去存钱，是一个合法行为，没有任何犯罪意图……第二，从被告人的行为方式来看，其获取钱财的方式是平和的……被告人利用机器故障进行盗窃，与那些典型的盗窃罪案中，受害人因财物损失产生的痛苦和报复欲望，以及毫无民事救济的可能性，必须依赖刑法保护的情形截然不同，这在量刑上必须予以考虑。第三，从被告人的行为后果来看，因为银行 ATM 机总体事故发生率很低，利用 ATM 机的故障进行盗窃，其发生概率更低；既然银行资金受损与其 ATM 机故障有直接关联，此后，银行必会在机器的运行精度以及失窃保险上完善制度，那么，将来这类案件发生率应该更低。另外，据银行方面称，当晚机器故障涉及存款错误的有二十多人，仅有被告一人利用机器故障进行盗窃。可以说，这一盗窃案是否发生，几乎产生于公民贪欲是否膨胀的一念之间。面对这种罪案，普通公民关注的应该是自己面对这种情况会怎么选择，而不会因这一特殊形式的盗窃对自己的财物产生失窃的恐惧感。所以，这一犯罪对社会秩序和公民的人身财产安全感并不会产生恶劣影响，本案的社会危害性比常态化的盗窃犯罪要小得多。第四，对被告人个人生活状况等其他方面的考虑。被告人于某水的父母早已病亡，其与几个姊妹相依为命，生活困苦，不然，他也不会早早辍学外出打工谋生，以他的初小学历和人生经历，可以肯定，他对法律及其行为后果不会有高度清楚的认识，更不可能对这一法律界都存在争议的案件会自认为是盗窃犯罪。既然他不可能明确辨认自己的行为及其后果，我们也可以想象，对于一个穷孩子来说，几乎是从天而降的钱财对他意味着什么?！我们不能苛求每一个公民都具有同等的道德水平和觉悟。同时，被告人取了钱带回老家，除了给弟弟一些钱外，剩下的也一直不敢乱花，这说明他对社会管理秩序还是心存畏惧，被抓获之后，被告人随即退清所有款项，我们觉得，这孩子仍心存良知。①

法官通过一段对人性的深刻剖析，为之后对被告科以较轻的刑罚作了铺垫，也让一份刑事判决书“刚柔并济”，惩治贪欲犯罪的同时也起到教化作用。可见，积极修辞的运用，部分弥补了传统的裁判理由在构成上的不足。多种论证方式并举，让司法裁判文书的说理论证更加充分，强化了裁判的主体间性。

（三）修辞效果上的以情服人

与优化案件事实叙事及补强裁判理由相比，司法过程中的积极修辞更为直接的功能是“以情服人”。对于裁判文书来说，无论其司法属性、公权力属性如何，本质上都是表现为文字，对于听众来说都是一种阅读文本。虽然裁判文书应该具备严谨、质朴、庄严的文风，但不能让这一规则一味绝对化，否则会使裁判文书的用语变得拘谨，庄严变成呆板，简洁变成枯燥，裁判文书内容流于形式，最终将危及裁判文书使人信服的说理性。② 也就是说，“不管你的推理多么有力，如果将其置于沉闷而又矫揉造作的背景下，你的听众——或者你的读者——就会失去耐心，他们将不会停下来去听，而只是快速地翻动书页。但是如果你的推理被置于一个活泼而又引人入胜的背景下，他们就会集中注意力，像中了魔法一样入迷地倾听，全神贯注地阅读你的作品”③。

我们期待法官在裁判文书释法说理的过程中，注重说理技巧的运用，追求法理情的协调，体现当下主流价值观，这些要求本身体现的即是对司法裁判中所存在的主观价值、情感因素的肯定。可以说，在具体的司法裁判过程中，法官以及其他诉讼主体主观的情感因素是客观存在的。在释法说理过程

① 于某水盗窃案一审刑事判决书，广东省惠州市惠阳区人民法院（2014）惠阳法刑二初字第83号。

② 唐文：《法官判案如何讲理——裁判文书说理研究与应用》，人民法院出版社2000年版，第311页。

③ ［英］丹宁勋爵：《家庭故事》，第216页。转引自［美］布莱恩·A. 加纳：《加纳谈法律文书写作》，刘鹏飞、张玉荣译，知识产权出版社2005年版，第5页。

中，这些主观上的情感因素不该也不能被视为“透明”，而是可以甚至是需要被表达出来的。换言之，对于在司法裁判过程中所产生的情感、价值等主观因素，应该将其在裁判文书中予以呈现，以实现司法裁判“法、理、情”三个因素的协调。“修辞往往是一种非逻辑的、非经验的、非科学的说服方法，而它在修辞的过程中恰恰又为说服披上逻辑、经验与科学的外衣，在判决理由非常不充足或者不显见的情况下，修辞可以使判决的合法性得到相对较小成本的灌输。”[①] 积极修辞基于其感性、鲜明的特点从另一个方面与消极修辞共同发挥语言文字修辞的作用，保证司法裁判文书合乎法律要求的同时又具有可接受性，即在理性说服“晓之以理”的基础上实现更为人性化的“动之以情”。

在前文提到的于某水盗窃一案中，法官将此刑事案件的被告称为“孩子”，甚至是“一个穷孩子”，仅仅这一两个简单的词语，就将法官为被告惋惜、想要给被告以改过自新的机会的感情跃然纸上，让我们忍不住站在法官的立场上，对他的体会感同身受，理解他的良苦用心。法官使用这种积极修辞的手法，将自己的感情传达于社会公众，获得道德认同与情感共鸣，实现了司法裁判与社会公众的良性互动。

四、积极修辞的应用限制

积极修辞作为修辞的两大分野之一，无论从具体内容或是修辞手法来看，其预期目的都是实现更好的表达效果。就司法裁判文书本身来说，就是通过感性的语言、生动的表述，实现对听众情感的感召、情绪的调动，让裁判文书的说理不限于符合法律规定，行文不满足于简洁、朴素，而是在上述目标的基础上达到合情合理，使司法裁判结论能够更好地被接受。就我们对裁判文书质量的期待而言，言辞感人与否、行文优美与否、情理相融与否并不是最重要的，有时甚至是不重要的；相比这些，法律推理逻辑严谨、词句庄重、

---

① ［美］理查德·波斯纳：《法律与文学》，李国庆译，中国政法大学出版社2002年版，第365—366页。

裁判结果理由正当是更为重要的基础性标准。一份裁判文书如若没有高度的理性、严谨的逻辑以及庄重的词句，说理强化、情理相融就成为一纸空文。简单来说，如果积极修辞的运用对于一份合格的裁判文书而言是“锦上添花”，那么相比之下消极修辞对于一份合格的裁判文书而言，则是不可或缺的基础。从主次角色定位的角度来说，如果消极修辞在裁判文书中是修辞的主角，那么积极修辞便是起到辅助修饰作用的配角。

从语用学的角度来说，出现在裁判文书中的语言文字，不仅是一种用于表达的静态客观存在，也是一种动态的“武器”。对修辞方法运用的不当以至超越了正当性的限制，语言文字就会成为书写的“暴政”，一旦感性变成了恣意，情感变成了歪曲法律的借口。积极修辞对于裁判文书而言固然有其独特的优势，但如若其运用并非基于正当需要或超越必要界限，则这种不当的积极修辞不仅不能为裁判文书的说服力加持，反而可能弱化其说服理性，削弱司法裁判结论的可接受性，偏离了我们强调释法说理、维护司法权威的正道。正是在这一意义上，“修辞是法律人的高级技艺，但也是法律人必须警惕的陷阱。”[①] 为了发挥积极修辞促进司法目标实现的作用，避免司法裁判文书异化为“文字暴政”，对司法裁判中的积极修辞加以限制是非常必要的。

（一）以证据事实为基础

案件事实在司法裁判中具有基础性地位，法官对事实的认定提供了法律推理中的小前提。如前文所述，由于证据的零散，或出于对彼此断裂证据所证明事实的整合、还原的目的，或出于强化裁判文书说服力的目的，在司法裁判文书中的事实认定部分，法官有时会运用一定的修辞来实现对案件事实的构建或者叙述。例如在刑事判决书的事实认定部分，可能只是几个主观感性的语词，就能够塑造出不同的被告人格形象，或者使人对被告行为作出不同判断。但裁判文书中的事实叙述不同于一般的文学故事叙述，生动、形象的叙事只是为了让受众更好地理解和接受法官对事实的认定理由与结果。无

---

① 强世功：《联邦主权与州主权的迷思》，载《中国法学》2006年第4期，第61页。

论司法裁判过程中对案件事实的构建、认定，还是在司法裁判文书中对案件事实的叙述、分析，首先都应该尊重客观证据，在严格理性的逻辑推理基础上进行，事实推论符合客观规律，绝对不能一味追求阅读趣味性，更不能罔顾证据与逻辑而将案件事实当作一个“任人打扮的小姑娘”。司法裁判文书中的客观理性内容可能无法保证其说服后果，但不以客观证据、理性逻辑为基础的裁判文书则更难以服众。因此体现于裁判文书中的积极修辞绝不能是随意的，在服务于修辞主体的目的同时，应当做到尊重客观证据、遵循理性逻辑。事实认定是法律适用的前提，也是保证司法裁判客观公正的基础。

（二）准确定位听众

修辞的目的是对听众进行说服，依靠情绪调动、情感感召、道德说教的积极修辞更是如此。在裁判文书中运用积极修辞进行说理的一个重要意义就在于在法律的专业化思维和大众化思维之间架构沟通的桥梁，降低司法成本，让晦涩、生硬的专业内容变得平易近人、容易理解，从而保障司法裁判文书说理的说服力以及裁判结果的可接受性。有学者指出，“现在的裁判文书千案一面，缺乏认证断理，看不出判决结果的形成过程，缺乏说服力，严重影响了公正司法的形象。”① 而裁判文书千案一面的重要原因之一便是听众定位不够准确。不同的听众对裁判文书的接受程度可能受到多方面因素的影响。对于与司法裁判结果有着直接或间接利害关系者而言，裁判结果对其诉求的满足与否至关重要；而对于社会公众来说，可能裁判结果与其个体主观判断、社会主流价值的一致性程度更易引发其对裁判作出不同评价。尤其是在价值多元的社会变革进程之中，作为司法裁判听众的教育背景、价值认知、个人成长经历具有多样性，在各类复杂因素的影响下，他们在关注某一个特定案件的过程中，更易依据自己的直觉、前见、朴素的正义观等对司法裁判行为以及体现裁判结果的裁判文书进行评价。从近年来一些引发社会广泛关注的案件来看，认定事实证据充分、法律理由正当合理的司法裁判文书并不必然

① 张真理：《裁判文书写作的误区》，载《国家检察官学院学报》2009年第2期，第78页。

具有较高的可接受性。因此，裁判文书的修辞，尤其是积极修辞的应用不仅应注重听众的感受，更应精准定位听众，才能使说服行为实现有的放矢。

具体而言，积极修辞内容繁多，既有不同的修辞手法，也有着丰富的资源库。引经据典、论证深刻的裁判文书可能会对精英听众的说服起到很好的修辞效果。但对多数听众而言，如果过于卖弄修辞技巧，将简单的问题讲得非常复杂，则可能会造成阅读和理解成本的增加。有学者提及对明喻的使用，“连续过多的使用，有时不仅不能实现预期的表达效果，反而让人觉得更糊涂。面对再生动形象的表述，读者也需要时间来缓冲，他们不能不停地将一物与他物进行比较，却难以实现视觉上的放松”①。当过于频繁使用积极修辞造成裁判文书说理太过复杂时，听众就需要投入更多的时间和精力，反而造成接受的成本过高。“当鉴赏成本过高以至于受众无法理解，他们可能就会放弃，因为没有预期的阅读收益。”② 同样，如果裁判文书中过分夸张、渲染情绪，也可能会引起听众的反感，反而降低说服效果。从辞格的角度来看，只有精准定位听众，才能选择最为恰当的修辞手法。例如：层层递进的排比让裁判文书的说理更加坚实有力，体现裁判的坚定立场；生动活泼的比喻让裁判文书的说理更加鲜明形象；句式整齐的对偶让裁判文书的说理更加和谐优美；态度鲜明的反问让裁判文书的说理更加态度明晰……不同的修辞手法在具体的运用过程中发挥着不同的具体作用，在裁判说理过程中适当运用修辞手法，能够为强化裁判文书的可读性、可接受性提供技术支持，从而实现更好的说服。

对听众进行精准定位，这意味着对听众的说服是有选择性的，也意味着某些听众在裁判文书的说服目标中处于次要地位，甚至有的听众则完全被放弃。虽然获得所有听众的认可是司法裁判的理想状态，但这也只是一种理想目标。对一个特定案件的司法裁判而言，听众的选择必须是有层次的。正所

---

① 郭林虎：《法律写作概论》，知识产权出版社 2008 年版，第 160 页。

② 刘星：《司法决疑与“故事文学”利用——以〈威尼斯商人〉为样本》，载《清华法学》2008 年第 3 期，第 24 页。

谓没有明确立场的观点不可能说服任何听众，对听众的说服是不能建立在简单迎合听众的基础上，而且司法过程的规范性也明确了实际上不存在这样的可能。

（三）符合司法过程的规范性

“以事实为依据，以法律为准绳”是法院审理案件，进行司法裁判、制作裁判文书的一项黄金准则，这确定了无论何种修辞方式的应用都必须以坚守维护法治的立场为前提，积极修辞也不例外。无论是对案件事实的叙事，还是表达裁判理由的部分，积极修辞在发挥其鲜明、生动，体现司法裁判人文关怀的同时，并不能超越法律的规范性要求。简单来说，积极修辞通过打动听众以实现“申情”的目标，不能以“屈法”这种牺牲法律规范性的行为为代价。

裁判文书既要顾及听众心理感受、接受能力，也要追求法律效果之外良好的社会效果。裁判文书首先是一份专业的法律文书，是司法权力运行的结果，记录和体现了司法裁判过程。裁判文书首先要保证的是公正、客观、专业，这一性质决定了严谨、简洁、庄重的消极修辞发挥作用的空间更加广阔，在裁判文书的修辞应用中占据主导地位。相比之下，更为感性、生动的积极修辞只有在裁判文书具有必要的表达需要时，才能够加以运用。换句话说，积极修辞的辅助性定位，就决定了其运用必须做到适时、适度。适时即必要，适度则意味着有程度上的限制。例如运用积极修辞的前提、篇幅、内容都应当有所限制。所谓“物极必反”，在作为国家司法权力运行结果的专业法律文书中，如果不加克制地大篇幅运用感性的积极修辞，使裁判文书满篇充斥华丽辞藻、情感表达，则必然会将裁判文书的专业性、权威性置于尴尬境地，从而司法权威的树立、法律信仰的诱发便也无从谈起。

因此，就裁判文书的写作而言，法官在试图使用修辞策略对听众实现“动之以情”之前，必须在符合法律的规范性要求的前提下做到“晓之以理”。无论诗词歌赋抑或伦理人情，都应该是为说理服务。如果我们需要对司法过程中的“情、理、法”进行优先性排序的话，其通常情形下的正当位序应当是“法、理、情”。感性并不意味着任性、情义不是恣意。司法过程中的情感因素可以融入“法、理”之中，但通常不应超越“法、理”，更不能替代“法、理”。即便在事实叙事、法律解释与适用的部分存在积极修辞的生存空间，其运用也必须以法律为基础，与法律的精神相契合。想要实现积极修辞的精当运用，就需要法官具有深厚的文字功底，且在主观上要能洞察人情世故，同时要有甄别抒发个人情感和正当运用积极修辞之间区别的能力，不能将积极修辞的适用需要当作发泄个人情感的空间。例如，在一起劳动合同纠纷中，劳动者因报销数十元的发票被用人单位解除劳动合同，判决书中写道：“原告以不诚实的方法即使用并未乘坐过的出租车发票获取该公司的报销款，此一结果是任何用人单位所不能容忍的，此类不诚信行为对用人单位所造成的危害后果根本无法也不应当以数额大小来衡量。”据此认定被告系合法解除劳动合同。这种表述带有明显的人格评判性质，随意运用这种带有人格褒贬倾向的类比方式，容易形成不加克制的冲动和煽情，使得法律判断变得形式化和简单化。[①] 一旦裁判文书中留给积极修辞的空间挤压了法律规范的正当空间，则裁判文书便有舍本逐末之嫌，积极修辞的运用也难以实现预期效果。

波斯纳曾就法官的情理地带问题论述道：“一位法官的情理地带有可能随经验增多而扩大，因为他对司法过程更了解了，也更现实了。但我猜想，情理地带与知识能力之间是一种 U 形关系。最能干的和最不能干的上诉法官有可能扩展这个地带，最有能力的是因为他会很快看到某个一般陈述的规则背后的该规则的目的和语境，而目的和语境限制了这一一般性陈述应当掌控新案件的程度；最没能力的则是因为他难以理解这些正统资料，并导致他很容易被出庭律师的情感呼吁所打动，或与此紧密联系的，他难以紧紧把握那些限制特质性审判的系统性考量——例如法律可预期性的价值——的抽象优

① 孙海峰：《裁判文书说理的公共性及其价值》，载陈金钊、谢晖主编：《法律方法》（第 17 卷），山东人民出版社 2015 年版，第 227 页。

点。”[①] 其虽不是直接针对积极修辞而言，但其中道理值得关注。总之，无论在案件事实部分或是法律适用部分，在裁判文书这种专业的法律事务性文书中，积极修辞绝不应该为了运用而运用，积极修辞的运用前提都应该是单纯依靠理性逻辑、消极修辞难以保证裁判文书的说服力，需要通过感性、生动的积极修辞强化裁判文书说理的说服力，确保司法裁判结论的可接受性。可以说，积极修辞的应用只是提升裁判文书释法说理的说服性效果，并不能实质性改变司法裁判作出的事实基础与法律依据。从这一意义上说，积极修辞在裁判文书中辅助性的角色定位，就决定了其不能像消极修辞那样几乎遍及每一份专业的法律文书。

小　结

裁判文书是司法裁判公正精神的物质载体，更是社会公众了解司法、感受司法精神的重要途径。在民众对司法民主程度持有更高期待，司法不断推进深度公开的背景下，我们对裁判文书释法说理的有效性也提出了更高要求。在此，当我们讨论什么是一份“好的裁判文书”时，我们不应使用单一标准，而应针对案件的不同情况提出不同的评价标准。如果司法案件可以进行类型化的区分，那么，好的裁判文书标准也应当是类型化的。具体到消极修辞与积极修辞两种主要的修辞手法来说，由于二者具有不同性质，其与裁判文书释法说理的内在要求契合程度亦有不同，因此二者应具有不同的作用空间。我们强调裁判文书理性、规范、简明，并不意味着裁判文书应“千篇一律”，都使用“公事公办”的语气和修辞风格。如果说消极修辞主要体现法官的理性思维，借助于专业的法言法语、严谨的逻辑推理、艰深的法律原理来实现对特定听众（主要是来自法律职业群体的精英听众）的说服的话；那么积极修辞主要体现法官的感性思维，借助于法律之外、情理之中的各类素材，通过鲜明、生动的文字和具有浓厚情感色彩的修辞手法，从情感上打动

① ［美］理查德·A. 波斯纳：《法官如何思考》，苏力译，北京大学出版社 2009 年版，第 81 页。

不具有法律专业知识的普通听众，以提升司法裁判本身的说服效果。从前文提到的一些裁判文书中积极修辞应用的例子来看，无论是内容上的引经据典，还是修辞格上鲜明生动的比喻、气势强大的排比、意味深长的反问，都为裁判文书带来了消极修辞所难以营造出的情境与说服效果。积极修辞的运用让司法裁判文书不再单调冷漠，其以情动人的功能推进了专业性突出的司法裁判与社会普通公众之间情感沟通的可能。从这一角度来说，一份好的裁判文书，其有效的释法说理应当是根据特定案件的不同情形而将消极修辞和积极修辞有机结合的基础之上的。加达默尔说："如果说讲话术同样企求情感（这点自古就是如此），那它也绝未因此就脱出了理性的领域。"① 在未来，我们期待在坚守法律理性精神的前提下，可以出现修辞方法上更为多元化的裁判文书，以弘扬司法文明，彰显法治精神。

① ［德］汉斯－格奥尔格·加达默尔：《真理与方法》（下卷），洪汉鼎译，上海译文出版社1999年版，第754页。

第八章 调解中的法官修辞

随着中国社会改革的深入，很多潜在的社会矛盾陆续显现并激化，造成冲突频繁发生，并且日益呈现多样化、复杂化、扩大化、激烈化等特征。如何有效化解纠纷、稳定社会关系，就成为摆在法院面前的重要任务。然而，堆积如山的案件已经成为司法裁判不能承受之“重”，司法调解由于其在化解纠纷中的优势而日益受到重视。在最高人民法院“调解优先，调判结合”的司法政策指引下，各级法院积极推行司法调解，取得了显著成效。实践中，很多法院将调解率作为法院、法官个人绩效考核的重要指标；个别法院甚至创造了“零判决”纪录。这引起部分学界与实务界人士的反思：我们对调解的强调是不是走过了头，法院毕竟不是“调解院”。[①] 由此，应如何对待调解就成为我们需要认真思考的问题。在司法实践中，哪些案件可以调解，调解是否必须严格遵守法律，调解的效果依赖于哪些因素？对这些问题的思考，修辞学的相关理论或许能够给我们一些启发。

一、调解中法官修辞的适用空间

司法调解是一种解决纠纷的司法活动，当事人在审判组织的主持下，就权益争议平等协商，以期达成协议，化解纠纷。调解中，法官作为审判组织的代表，以中立第三人的身份，努力促进当事人之间的沟通。站在法官的立场上，调解的过程也就是努力说服双方当事人的过程。法官的这一行为过程

① 徐昕、卢荣荣：《司法改革2009年度报告》，载《政法论坛》2010年第3期，第12页。

必然充满了对语言的选择、加工、润色，以及其他方法和策略的运用，我们可以将其称为法官修辞。

修辞本身是一个含义非常丰富的概念，根据对其内涵不同层次的界定，既可以指言语的使用技巧，也可以指通过语言说服他人的方式方法，甚至，伴随语言的以说服为目的的行为在某种意义上也可以归为修辞的内容。由于调解本身的目的性，调解过程中的法官修辞主要应归于一种说服性修辞，即一种通过语言说服他人的方式和方法。对于其中伴随的行为（例如法官拍拍当事人的肩膀以示同情），可以将其理解为一种身体语言，其仍然是为说服目的服务的，也应属于修辞的范围。例如，杰出法官王树华的事迹中有这样一件事情：一位 70 多岁的再婚老人因扶养费将老伴告上法庭。法官将法庭挪到两位老人家里，与两位老人聊家常，边说边帮老人干家务。前后去了 12 次，终于劝说两位老人和好如初。这其中做家务的行为便可以理解为一种以说服为目的的身体语言，也应归为修辞的范畴。在这一意义上说，法官修辞不仅包括法官说了什么，还包括法官说话的方式。其实，作为说服方式的修辞与作为言语使用技巧的修辞只存在理论上的区分，二者在实践中总是融为一体，说服的过程也要借助于特定的语言技巧。然而，这并不意味着，修辞单纯依附于语言，修辞本身便是语言使用效果的直接影响因素。在这一意义上，修辞的价值是独立于语言的。

随着社会的发展，人们对自身认识的深入，人们越来越发现这个社会中存在太多的不确定性，尤其是在政治、法律、道德等问题上，有时人们很难将各种看法进行对与错的简单二分。这种不确定性表现在司法过程中显得尤为突出，因为司法本身面对的就是各种各样的利益冲突，大多数情况下还需要在这些冲突的答案中进行衡量和选择。这些争议伴随的待决问题答案的多种可能性便成为修辞生长的土壤。

在调解过程中，对于诉讼当事人来说，只要案件并没有进行最终的裁判，那么其主张的权利便是不确定的。如果案件进入了调解程序，则意味着双方期望能够通过沟通，在法律所认可的范围内化解分歧。由此，调解过程便给法官的修辞留下了适用的空间，而这种空间真正的来源，就是调解过程中存在的各种“或然性”。因为修辞的工作就是“对无法定论的问题作出最佳结论、为无法解决的问题找到解决办法，为人类活动中在需要作出决定又无固定办法的关键时刻找到办法的方法、策略和研究原则。”① 在这一意义上，任何说服性修辞都是基于“可能”的原则。

具体而言，司法调解过程中的或然性至少来自三个方面：其一，双方当事人对争议问题的理解具有多样性。这些争议既包括语言方面的、事实方面的，也有法律规范本身的，它们使得摆在法官和当事人面前的解决方案存在多种可能。调解发生于判决之前，当法律定论没有出来的时候，似乎“一切皆有可能”。这种或然性为法官说服当事人接受一种比较合理的方案提供了可能且必要的工作空间。“事实上，修辞能够着力之处必然是那些或多或少存在某种可能性的地方，或者能够以某种方式被改变的地方。在不存在任何可能性、可变性或可选择性的地方，修辞是没有用武之地的。”② 如果某一个论题在人们心目中被认为是不证自明的，自然不需要修辞来实现说服的目的。

其二，争议问题答案的或然性与调解过程的民主性密切相关。一方面，民事案件双方当事人处于平等的诉讼地位，对于自己涉及争议的权利，具有平等的主张地位，问题的答案才显得如此不确定。另一方面，法官想要说服当事人就必须提供充足的“理性的”理由，当事人则可以自主确定是否接受法官的说服。如果某一论题只期望通过暴力的强制以得到服从，则自然也不需要修辞。因此佩雷尔曼在谈及法律与修辞学的关系时曾说：“在较少权威而有更多民主色彩的法律观念中，修辞学的地位会越来越不可或缺。”③ 调解过程中的这种民主氛围给了修辞更为丰厚的生存土壤，在这一意义上，调解

① 温科学：《20世纪西方修辞学理论研究》，中国社会科学出版社2006年版，第60—61页。

② 陈治国：《西方修辞学的古典传统及其当代复兴——兼论哲学诠释学和批判语用学之间的一个重要分歧》，载洪汉鼎、傅永军主编：《中国诠释学·第三辑》，山东人民出版社2006年版，第104页。

③ 转引自杨贝：《法律论证的修辞学传统》，载《法律方法与法律思维》（第4辑），法律出版社2007年版，第75页。

中的修辞空间要比判决书中广阔得多。

其三，在司法过程中，某些案件事实认定和法律适用都非常清楚确定，但却可能难以实施，或者，按照法律实施会带来难以接受的社会效果，此时法官基于对社会效果和法律效果的考量，可能也需要说服当事人作出一定的退让。例如，在一起侵权纠纷中，原告的诉讼请求是要求被告赔偿经济损失 10 万元，双方对事实无争议。但被告年事已高且确实无力偿还。被告的子女提出，原告是否可以接受只赔偿 7 万元，如果可以，被告的子女可以代为赔偿。此时，考虑到案件的执行效果，法官可能也会期望原告在赔偿数额上作出让步。在司法过程中，很多时候权利人可以让渡权利，这使得或然性的存在成为一种常态。

总之，修辞的功能就是在无法实现必然性论证的情况下来实现说服的目的，它发挥作用的空间主要是通过理性思考而使争议得到解决的领域，司法调解便是这类领域的典型例证。既然修辞的作用空间只是或然性问题，那么法官花费在调解中的心力，也应该只用在“可能”或“适合”调解的案件中。如果案件的答案确定，且不会造成恶劣的社会后果，而法官主持调解的结果与法律上的答案相差太远，反而容易造成法律虚无化的倾向，会直接损害司法权威。从这一立场来说，并不是所有案件都可以调解，调解率也并非越高越好。

二、调解中的技术性修辞因素

既然修辞的效力空间以待决问题的或然性为基础，作为修辞者的法官的任务就是将这种或然性按照自己的意图转化为某种修辞意义上的确定性。这也就意味着修辞的效果[①]对修辞行为本身是存在技术性依赖的，也可以说，是修辞行为自身的因素决定了修辞的效果。从修辞主体的角度来说，影响修辞效果的技术性因素主要有以下几类：修辞者的主体性因素、作为修辞出发

① 赵毅教授将言语交际中的修辞效果分为三个层次，分别为“表达效果”“接受效果”和“交际效果”。在此我们关注的主要是接受效果，即法官的修辞是否起到了说服当事人的作用。参见赵毅：《区分言语交际中的三种效果》，载《修辞学习》1996 年第 4 期，第 4 页。

点的共识以及修辞方法与策略。在调解中，这些因素共同发挥着作用，可以说，这些因素为调解过程的修辞进行了“技术性储备”。

（一）法官的个体性因素

在调解过程中，法官的个体性因素预设了其在双方当事人心目中的地位，这对于调解的成功与否至关重要。这也就是亚里士多德所说的修辞人格的作用。这种人格既包括威信，也包括人格魅力。司法调解与人民调解最大的区别可能就在于调解者背后具有强制力的国家司法权，在一定意义上说，法官已经具备了一定的基础性权威。此时法官在当事人心目中的人格形象就成为关键要素。与其他职业相比，法官职业往往对修辞人格提出的要求更高，这也是司法腐败与其他行业的腐败相比，会在人们心目中留下更为恶劣印象的原因之一。

法官的这种个体性因素初看起来是非常稳定的，因为一个法官具有何种人格基本上是确定的事情。但是，法官的个性因素在特定的场合仍存在塑造的空间。因为当事人对法官的了解往往建立在短暂的交往基础之上，不可能非常全面，因此在一些修辞理论家看来，这种修辞人格也是可控制的。例如，法官通过耐心倾听当事人的陈述，从而表达了对当事人的尊重，这不仅有利于当事人情绪的发泄，更重要的是，当事人在诉讼过程中感受到法官真心实意的关怀，即使调解结果与自己的预期有一定差距也可能比较容易接受。一位法官曾经这样描述他的调解经验：你到当事人家，在他家的小板凳上坐坐，他敬的烟不论好坏你抽一根，哪怕粗茶淡饭你不要嫌弃，他就愿给你说真心话。[①] 此时，法官正是通过特定的行为拉近与当事人之间的距离，建构在当事人心目中平易近人的形象。

当然，法官对自己人格的构筑必须建立在诚意的基础上，而不是一种恶意的构筑。修辞作为一种具有强烈目的性的行为，法官对于其所期待的双方当事人达成和解本身，以及和解协议内容的合法性，都必须是非常确定的。如果法官自己都对结论抱有怀疑的态度，这便可能在人们对于其结论的接受

① 吴英姿：《法官角色与司法行为》，中国大百科全书出版社2008年版，第122—123页。

方面设置障碍，而此时说服当事人是法官的职业责任，这样法官便将自己陷于困境之中了。[①] 因此，如果法官使用了欺骗的方式劝说当事人，即便当事人当时被说服，事后了解到真相，也可能会作出申诉、信访等更激烈的反应。因此，所谓“修辞立其诚”，修辞不仅关注说服的结果，还必须关注说服方式的正当性本身。这也是修辞与诡辩的重要区别。法官必须站在中立的立场上，最大限度地维护双方当事人权益，在法律允许的范围内对争议案件选择最佳解决方案，这样才能真正有效地化解纠纷。

（二）共识的选择

修辞的目的是说服听众，即实现听众对修辞者观点的认同。这种目的中蕴含着一个前提，即修辞者与听众之间具有某种共识，而能接受其论点。[②] 只有对话群体共享的无争议的知识才能够产生使人信服的力量。这就决定了在调解过程中，法官只能选择那些自己认可，也被双方当事人接受的见解作为自己的论据或前提，这些知识或见解就是用以作为修辞的内容支撑的共识。可以说，共识既是修辞的归宿，也是其出发点，从某个基础性的共识出发，经由修辞达成新的共识。

具体而言，能够作为支撑修辞有效性的共识的技术性选择，必须依赖于对多层次听众的区分。佩雷尔曼根据对听众的划分而将共识分为两类：第一类是实在性共识，包括事实、真理和推定三种；第二类是好恶性共识，包括价值、层级和与喜好有关的论题。与普泛听众对应的是“实在性共识”，而“好恶性共识”则主要对应于特定听众。[③] 在调解过程中，双方当事人是法官最直接也是最重要的特定听众，法官应首先寻找当事人之间的共识。然而，在特定的案件中，要获得各当事人都认可的共识是非常不易的。因为越是抽象的价值越容易得到认同，而当抽象的价值放到特定的案件中，便可能形成

① ［美］伯尔曼：《法律与革命》，贺卫方等译，中国大百科全书出版社 1993 年版，第 189 页。

② See Chaim Perelman and L. Olbrechts-Tyteca, *The New Rhetoric: A Treatise on Argumentation*, University of Notre Dame Press, 1969, p. 65.

③ See Chaim Perelman and L. Olbrechts-Tyteca, *The New Rhetoric: A Treatise on Argumentation*, University of Notre Dame Press, 1969, p. 99.

具体价值的冲突。与此同时，我们也意识到，正是由于抽象价值所具有的含义非常丰富，法官可以在具体的案件中以各种各样的方式进行阐释，这样，法官就可以将广泛接受的价值在不同的案件中进行具体化。① 可以说，“是论证所面对的特殊论域及其中的论题最终决定了具体共识的内容，从而这种具体内容才能够成为决定修辞策略的出发点”②。与其他场域下的修辞相比，调解过程具有较强的封闭性，法官对作为特定听众的当事人的关注远远超过对普泛听众的关注。但是，这并不意味着对特定听众的说服只能基于好恶性共识，实在性共识对法官与当事人也具有约束力。例如调解过程中，有时双方当事人可能会恶意串通损害案外人的利益（如夫妻双方通过离婚转移财产以逃避债务），此时法官便不能只关注双方当事人的共识，还要根据案件的真实情况和相关法律规定，及时有效控制调解过程的发展。

总之，在调解过程中，法官与双方当事人共同构成了对话的主体，法官对共识的选择决定了其修辞目的与当事人心理预期的距离，从而也就决定了莱维所说的“修辞论证与判断之间的可能关系”③。因此，一种修辞的效果如何，其形式虽然重要，但真正影响修辞效果的，是修辞所倚赖的基础性共识与听众所接受的深层次思想的接近程度。

（三）调解中修辞方法的适切性

如前所述，法官需要根据案件当事人诉请选择作为修辞出发点的共识。但是，从修辞的出发点到修辞者的目的主张之间，还有相当的距离，作为出发点的共识和作为目的的共识之间必须有某种连接方式，这种连接方式就是修辞的具体方法。而修辞要实现预期的目的，这种连接的方式就必须适当，因此法官对修辞方法的选择必须适应对话的语境，即修辞方法符合适切性

---

① ［荷］菲特丽丝：《法律论证原理——司法裁决之证立理论概览》，张其山等译，商务印书馆2005年版，第51页。

② 孙光宁：《寻求可接受的修辞论证——兼评〈新修辞学〉》，载陈金钊、谢晖主编：《法律方法》（第九卷），山东人民出版社2009年版，第273页。

③ 武宏志：《非形式逻辑或论证逻辑：有效性》，载《湖南科技大学学报》（社会科学版）2004年第3期，第15页。

原则。

修辞方法的适切性首先体现在其对修辞目的的适应。法官说服当事人，主要不是依靠对信息的传达，而往往是借助于对信息的强化。那么，究竟哪类信息需要强化，哪类信息不需要强化甚至可以忽略，则是法官根据修辞目的进行选择的。这一过程其实也就是构筑认同和区分的过程，这是修辞最基本的作用方式。[①] 因为对于两件事情，如果我们说它们在本质上是一样的，则往往内含着它们在事实上是不同实体的吊诡含义。[②] 因此对这两类事实究竟描述为“合”还是“分”，则是要根据修辞的目的来决定的。其次，修辞方法的适切性体现在其对听众和语境的适应。在实际的调解过程中，法官面临在特定语境中说服不同素质、不同文化、不同信仰的当事人，必须针对不同的当事人和特定的语境使用不同的说服方法，才能保证说服的有效性，进而言之，说服是一种语言的交际行为，这一过程充满了思想和情感的互动，这决定了修辞方法对听众和语境的适应必然是一个动态的过程。法官需要准确把握对话过程的变化，不断调整修辞手段、变换修辞方式、提高修辞方法的针对性，以保证说服目的的实现。

例如，在一起劳资纠纷上诉案件中，原被告双方一开始皆不愿调解。被告方认为一审法官偏听偏信，完全没有考虑己方意见。此时法官主动向被告了解案件的具体情况，并表示“我们肯定会公平公正地处理，不会偏听偏信任何一方单方面的陈述”。被告同意调解，提出愿意补偿原告 2 万元。原告则认为，一审法院已经支持了自己的主张，不需要再做任何让步。此时法官向原告传递了这样的信息：“公司这边愿意调解了，你们也考虑一下，如果要等判决，可能又要强制执行，时间太长了。”原告遂表示愿意调解，但提出补偿数额应至少 4 万元。此时，法官根据双方的主张、提交的证据、应适用的法律法规等核算被告欠发原告的工资数额。法官告知原告，法院一定会保护劳动者的合法权益，但作为劳动者也要实事求是，不应提出超出自己应得

---

① 刘亚猛：《追求象征的力量》，生活·读书·新知三联书店 2004 年版，第 6 页。

② 刘亚猛：《追求象征的力量》，生活·读书·新知三联书店 2004 年版，第 112 页。

范围的请求，而且这些超出法律规定范围的请求，法院在判决时不会给予支持。原告最终表示“公司提出的数额是合理的，我可以接受 2 万元的调解”。[①] 在这一案件的调解过程中，法官正是首先树立了在当事人心目中公正、替当事人着想的良好形象，继而根据不同当事人的态度的转变，有针对性地调整劝说的出发点，从而达到说服的目的。

三、调解中法官修辞的意义

调解过程中，法官要说服当事人达成合意，就必须提供充分的理由，可以说，调解的过程就是法官运用各种修辞方法说服双方当事人的过程。与其他法律人的修辞相比，法官修辞具有特殊的性质。例如：与立法修辞相比，调解中的法官修辞主要运用于口头对话之中，其听众和期望说服的内容具体而特定，这自然也就决定了其修辞方法的灵活多样；而且，由于对话过程的开放性特征，法官修辞的方法也具有动态性，可以根据听众和语境的变化而随时调整。与律师的修辞相比，法官作为国家司法权执行者的特殊主体地位也使其一开始便带有了特定的权威。就说服效果而言，法官修辞具有律师修辞所不能比拟的优势。与此相适应，法官修辞也具有了特定的限制，各类修辞方法的运用必须符合司法权的性质和要求，在这一点上，法官修辞远没有律师修辞来得灵活宽泛。法官修辞的这些特点也直接决定了其功能，可以说，法官修辞对于司法调解的过程具有重要意义。

首先，法官修辞的运用可以促进法律纠纷的妥当解决。在现实生活中，诉至法院的案件有时不仅仅存在法律上的争议，双方当事人往往处于利益对立的立场，其心理上难免存在抵触情绪；另外，由于社会现实条件的限制，很多案件无法按照法律的规定顺利实施。此时如果单纯依据法律裁判案件，可能对于妥当、彻底解决纠纷没有实质性的帮助。而法官通过各类修辞方法的运用，从心理上说服当事人，则往往可以消解阻碍案件执行的心理因素，

---

① 关于此案详情参见《资拒调解，法官解心结》，载《深圳商报》2009 年 11 月 26 日，第 B4 版。

协调各方利益的配置，从而真正有效化解纠纷。

其次，法官修辞的运用提升了司法过程的民主性质。法律商谈理论认为，现代法治理论一直有一个关键的问题没有得到解决，就是法律本身的合法性问题。合法性产生于合法律性的说法本身就是一个悖论。在现代社会中，法律的正当性的获得，依赖于参加论辩者通过商谈的民主程序达成共识，一个国家的法治需要依靠民主来形成与维持。哈贝马斯说："'正确性'意味着合理的、由好的理由所支持的可接受性。"① 在一个价值多元的社会，法官要实现这一目标，便需要在对话的过程中，通过"既不收买也不强迫"② 的修辞来说服听众。在调解过程中，调解协议达成与否是法官和当事人共同完成的。虽然司法调解的过程并不满足哈贝马斯所设定的理想言谈情景，但是，就司法领域而言，调解过程中的修辞本身所内含的充分沟通、一定范围内的平等因素已经大大增加了司法过程的民主性，在这一点上，我们距离哈贝马斯的期望又近了一步。

与此同时，法官修辞中也存在一些值得警惕的因素。肯尼斯·伯克认为，修辞的成败事实上系于受众对修辞者的认同。③ 这种认同，不仅包括对作为修辞主体的法官的个人的认同，还包括对作为修辞出发点的共识的认同，以及连接作为出发点的共识与作为修辞目的的命题的修辞方法的认同。这种修辞效果对听众的依赖使法官有时不得不采取一些非正常的策略来赢得当事人的认可。比如现在实务界非常盛行的"背靠背"调解法，很多时候就是法官分别向当事人传递不同甚至是相反的信息，使当事人认为"法官是真正为我好"，而对于利益对立的双方当事人，双赢的局面并不会总是出现，因此这种修辞的策略有时便带有了哄骗的性质。例如，在一起双方都有过错的人身伤害案中，法官对原告说"你的损失并没有你说的那么大，而且你也有过

---

① ［德］哈贝马斯：《在事实与规范之间：关于法律和民主法治国的商谈理论》，童世骏译，生活·读书·新知三联书店 2003 年版，第 278 页。

② ［美］理查德·A. 波斯纳：《超越法律》，苏力译，中国政法大学出版社 2001 年版，第 571 页。

③ 刘亚猛：《追求象征的力量》，生活·读书·新知三联书店 2004 年版，第 110 页。

错，对方说不定会反诉”，对被告则说“你有错在先，这件事可大可小，说大了就可能成为刑事案件……”事后，如果双方当事人了解到上述事实，恐怕便会对法官产生不信任感。更进一步说，修辞效果对听众的依赖强化了当事人在调解过程中的强势地位，这可能会导致法官将精力集中于对当事人的说服，而忽视了实质的法律问题。例如，在某法院审理的张某诉其一兄一姐继承案时，法官了解到其父母遗有私产平房三间，开庭后在法官的主持下达成调解协议，每人继承一间。半年后，三兄妹在外地的兄长得知上述情况后向法院陈述了自己也要继承遗产的情况。此时，法官才知道遗漏了继承人。可见，如果法官过度关注调解结果，并且将调解结果的获得完全寄希望于作为听众的当事人的认可，便可能使得一些非法律因素成为影响案件结果的主导因素，这势必会削弱司法的权威。在法治尚不健全的当前社会，这是尤其需要警惕的。

我们已经认识到，在价值多元的时代，没有一种实体的价值共识能够维护公民的整体性，也没有任何一种权力、思想能够统一人们的思想或生活。修辞的意义，只能体现在法律或事实问题存在或然性答案的案件中，因此，通过修辞来实现的说服并不总是有效的，其只能作为一种合理对话的形式，真正对案件处理结果产生直接和实质性影响的只能是法律。法官修辞是帮助法官适用法律的一种有效形式，自然不能替代法律。相应地，在司法程序中，与判决相比，调解是一种解决纠纷的特殊方式，不应将其作为替代甚至超越裁判而存在的普遍性程序。

后　记

本书是我近年来在法律修辞学领域的学习心得与总结，也是我第二本个人专著。

2010 年前后，我开始接触法律修辞学，并进行初步的学习和研究。作为一个科际整合的产物，法律修辞学在国内是一个相对小众的研究领域，它带给我的新鲜感和求知欲让我领会到学术的魅力。从 2014 年起，我先后获得两项教育部社科基金资助，分别是“司法民主的法律修辞学进路研究”与“裁判文书中案件事实的修辞论证问题研究”，此书就是在这两项课题研究工作的基础上完成的。在这一学习和研究过程中，我尝试使用法律修辞学理论分析司法实践问题，将法律修辞学理论转化为可以在司法场景中得以应用的具体技术。然而当书稿完成之时，感觉还是理论化色彩更重一些，本书可能有点名不副实了。从另一意义上来说，人类的法律实践如此纷繁复杂，对法律修辞学理论的中国化和具体化研究还需要付出更长时间和更多努力。

所谓敝帚自珍，虽然本书还存在很多缺漏之处，我仍期待能在其付梓之际向各位师友表示衷心的感谢。

感谢陈金钊教授，自从 2000 年在山东大学法学院攻读硕士研究生开始，陈老师不嫌弃我资质愚钝，愿意收入门下，自此费心指导，至今不辍。感谢老师和师母时时关心我的工作、生活和学术成长。平庸的我常怀惶恐，如何才能让老师培养我的心血不致白费。

感谢焦宝乾教授。焦老师对我来说亦师亦友，我从事法律修辞学的研究就是从加入焦老师的课题团队开始的，感谢他这么多年对我在学术上的帮助。

感谢给了我珍贵友爱的杨建军、范春莹、郝书翠、侯学勇、赵玉增、管伟、姜福东、吕芳、谢慧、沈寨、彭中礼、曹磊……恕我不能一一列出他们的名字。相识多年，我的每一步成长都有朋友们的支持。如今才华横溢的他们已经在各自的领域卓有成就，我也为自己能和这么多优秀的人站在一起而感到荣幸。愿我们的友谊历久弥新。

感谢谢晖教授、王申教授、张继成教授、刘风景教授、李桂林教授、桑本谦教授、王瑞君教授等诸位老师在我学术成长过程中给予的栽培和鼓励。感谢我工作的山东大学（威海）法学院，在这里工作的十七年里，我见证了法学院的发展变化，领导和同事们给我提供了宽松的工作环境，我非常珍视。感谢我所在的法律方法团队：吴丙新教授平易近人，和他交往总令人如沐春风；张传新教授严谨的逻辑思维总是能一眼洞穿我文章的错漏；孙光宁教授更是我几乎所有作品的第一读者，他对学术的热爱和执著令人钦佩……

感谢知识产权出版社李学军编辑，没有他的督促，书稿面世可能还要拖些时日，他高效细致的工作为本书增色许多。感谢李晨阳、王志成、曾坤、吕建群同学对书稿进行了详细校对。感谢李锦葳同学在我工作遇到难题时给予的贴心鼓励。

由于本书写作时间跨度较长，加之本人学术水平限制，不仅有不成熟的观点，肯定也存在一些错误之处，敬请学界与实务界各位专家批评指正。本人联系邮箱：wufei@ sdu. edu. cn。

武 飞

2019 年 12 月于玛珈山下